图画通识丛书
A Graphic Guide

萨 特

Introducing Sartre

菲利普·索蒂（Philip Thody）/ 文

霍华德·里德（Howard Read）/ 图

方可育 / 译

图书在版编目（CIP）数据

萨特／（英）菲利普·索蒂文；（英）霍华德·里德图；
方可育译．—北京：生活·读书·新知三联书店，2022.3
（图画通识丛书）
ISBN 978－7－108－07291－7

Ⅰ．①萨…　Ⅱ．①菲…②霍…③方…　Ⅲ．①萨特（Sartre, Jean
Paul 1905-1980）－哲学思想－研究　Ⅳ．① B565.53

中国版本图书馆 CIP 数据核字（2021）第 207449 号

责任编辑　李静韬
装帧设计　张　红　李　思
责任校对　张　睿
责任印制　卢　岳
出版发行　**生活·讀書·新知** 三联书店
　　　　　（北京市东城区美术馆东街 22 号　100010）
网　　址　www.sdxjpc.com
图　　字　01-2018-7184
经　　销　新华书店
印　　刷　河北松源印刷有限公司
版　　次　2022 年 3 月北京第 1 版
　　　　　2022 年 3 月北京第 1 次印刷
开　　本　787 毫米×1092 毫米　1/32　印张 5.75
字　　数　50 千字　图 174 幅
印　　数　0,001－8,000 册
定　　价　36.00 元
（印装查询：01064002715；邮购查询：01084010542）

目 录

001 存在主义

002 早年生活

009 波伏娃

010 兵役生活

012 通向自由的岔路

014 《恶心》

023 存在主义

024 社会主义

026 想象和自由

028 自由的证据

030 本质和存在

031 存在的道德价值

032 自欺：一个爱情故事

034 摆脱自由

036 发号施令的意识

038 情绪是什么？

040 犹太人问题

042 战争经历

045 荒诞

046 苍蝇

047 一位抵抗战士

048 自由和自我意识

050 存在与虚无

051 无法逃脱的意识

054 变化和非本真的存在

056 "存在"和"有意识"的问题

057 存在还是行动？

058 存在的丧失

060 没有出路

062 相互自欺

068 萨特和西蒙娜

071 对波德莱尔的存在主义精神
　　分析

072 波德莱尔的例子

074 经典的俄狄浦斯

076 文字和作家

078 选择的差异

080 浪漫的神话

082 创造一个自由社会

084 共产主义者……

085 弄脏你的手

086 苏共路线的变化

096 忠于社会主义信仰

098 阶级意识的问题

100 越南战争

101 "冷战"的态度

102 马克思主义和存在主义

104 短暂的乐观

107 1968 年 5 月

108 阿尔及利亚的抗争

112 《阿尔托纳的隐居者》

114 进退两难

116 "螃蟹法庭"

118 辩证理性批判

119 实践惰性

120 资本主义、殖民主义和暴力

122 酷刑问题

128 圣热内

130 八个月还是八岁?

136 文字生涯:一个作家的失败

138 拒绝接受诺贝尔奖

140 两种对立的文学观

141 介入的文学

144 第一批存在主义者

146 排除在外

148 1968 年的运动

150 街头的伏尔泰

152 福楼拜有什么特别之处?

154 1871 年公社

156 家庭白痴

158 文字,文字,文字……

160 作为一项革命活动的写作

161 偶像萨特

162 萨特之死

166 延伸阅读

169 致谢

171 索引

存在主义

弗里德里希·尼采（Friedrich Nietzsche，1844—1900）曾预言性地写道，"欧洲正在用锤子进行哲学思考"。在 20 世纪，一个敲击得最猛烈的人就是萨特。在他最著名的小说《恶心》（*Nausea*，1938 年）中有一句话，可以看作他存在主义哲学的起点。

> 一切实存者都是毫无理由地出生，因软弱而续命，因偶然而死亡。

存在主义这一因萨特而闻名的哲学，是一种看待经验的方式。它试图从"不存在上帝"这一事实出发，推导出各种可能的结论。萨特在 1943年写道，"人是一堆无用的激情"，但同时又"被判定为是自由的"。

早年生活

让－保罗·萨特（Jean-Paul Sartre），法国哲学家、剧作家、小说家、评论家和政治活动家，1905年6月21日出生于巴黎。当时他的母亲**安－玛丽·施韦策**（Anne-Marie Schweitzer）23岁，他的父亲**让－巴蒂斯特·萨特**（Jean-Baptiste Sartre），一个乡村医生的儿子，31岁。

1906年9月17日，感染了热病的海军军官让－巴蒂斯特·萨特死于交趾支那（现越南境内）。

他的遗孀因此失去生活来源，只好返回娘家。

和**罗兰·巴特**（Roland Barthes，1915—1980）一样，萨特也出身一个新教家庭，而主导法国社会的却是天主教，这或许可以解释为什么他总有一种局外人的感觉。他的外祖父夏尔·施韦策（Charles Schweitzer）是**阿尔贝·施韦策**（Albert Schweitzer，1875—1965）的伯父，而阿尔贝是一位巴赫研究专家、音乐家、神学家和基督教传教士。

我于1913年作为传教医生来到非洲加蓬的兰巴雷内市（Lamaréné），在丛林深处的村落创立了一家医院。

1963 年，萨特发表了自传《文字生涯》（*Words*）。他讲述了自己的童年，把它描述为孤独、不快，并与其他的孩子隔绝。

我的外祖父非常自私，占有欲极强，整天把我关在家里。

1917 年，萨特的母亲再婚，第二任丈夫约瑟夫·芒西（Joseph Mancy）是她的一位长期倾慕者。

对于与萨特相处并不愉快的她的第二任丈夫芒西，我们知之甚少。除了在这之前，他一直担心自己没有能力为安－玛丽提供他认为配得上她的那种生活方式。

我成了工程师，开始出人头地，这才向安－玛丽求婚，她和她的儿子跟我一起在拉罗谢尔（La Rochelle）生活。

在拉罗谢尔，萨特生平头一回每天按时上学。可是在学校，萨特和同学们处得并不好，个中原因我们或许也能料想得到。

我偷过妈妈的钱，想通过请客这种方式收买同学的友谊。

萨特的学业表现非常优秀，就是不愿意专注于数学的学习。而继父非常看重数学，他一直希望萨特能够追随自己成为工程师，数学可是职业的基础。不过，芒西本人的事业并不顺利，最终还破产了。

1920 年，萨特回到巴黎。他先是在著名的亨利四世中学读书，后来进入路易大帝中学。在法国，高等专业学院的入学考试竞争非常激烈，而路易大帝中学的升学率却极高。1924 年，萨特成功考取巴黎高等师范学校——这所高校在法国的文学和哲学界享有极高的声誉——并一直待到1928 年。

我对整个法国社会和它高度精英化的体制越来越挑剔，尽管我自己正在接受这种制度下的教育。

巴黎高师的首要作用是帮助学生参加一场竞争激烈的考试——大学、中学教师资格会考。要想在教育生涯中获得成功，这在法国是必不可少的一步。通过考试的人会比未通过的同事享有更高的薪酬和更短的工作时长要求。和现在一样，那时候所有的法国高中生都必须学习哲学。

> 我的目标是成为一名哲学教师。

　　出乎所有人的意料，1928 年萨特第一次参加哲学教师资格考试竟然没有通过。到了 1929 年，他的成绩又非常优异，考了个第一，紧随其后的是西蒙娜·德·波伏娃（Simone de Beauvoir）。

波伏娃

　　西蒙娜·德·波伏娃（1908—1986）后来在她的自传《端方淑女回忆录》（*Memoirs of a Dutiful Daughter*，1958 年）第一卷里写到她对这个时期的萨特的印象。

1929 年年初我在索邦大学第一次遇到"海狸"（the Beaver）。

学年结束，我与他分开回家，从那时起我就知道这个人将与我的生命永远相连。

　　尽管萨特和"海狸"（萨特对波伏娃的昵称）一直没有结婚，但他们的确将成为彼此的终身伴侣。

兵役生活

　　萨特就任即将被授予的教职前不得不先去服兵役。当时法国的人口出生率很低，所以尽管萨特的左眼其实什么都看不见，他却不能因此免除兵役。1939 年第二次世界大战爆发后，他再一次应征入伍。1940 年夏天，萨特和他的 150 万法国战友一同被俘。

1941 年 8 月，我被送回了法国，他们以为我是平民。

一个身体有残障的人当初怎么会被允许参军呢？

不过，不论是在 1929 年，还是在 1939 年，萨特都没有真的被视作一名真正的士兵。他被安排在气象部门。机缘巧合，他的教官是一位他早就认识的人，后来的哲学家——**雷蒙·阿隆**（Raymond Aron, 1905—1983）。

关于他们的分歧，20 世纪 80 年代的巴黎知识界有句很流行的评论，"宁愿跟着萨特犯错，也不想和阿隆一道正确"。

通向自由的岔路

　　萨特和他的朋友们、熟人们后来选择了不同的思想方向，让我们现在就提前审视一下他们之间有趣的"分岔"。萨特在中学和巴黎高师学习期间与**保罗·尼赞**（Paul Nizan，1905—1940）结下了亲密的友谊。尼赞是一位记者和小说家，他在 1940 年死于敦刻尔克附近的一场战斗中；而阿隆则将成为法国知识界最著名和最成功的自由资本主义的捍卫者。

我加入过法国共产党，但为了抗议 1939 年苏联和德国签约又退出了。

我太自由散漫了，不会加入任何政党。

到 80 年代，资本主义已经在法国和世界其他一些国家、地区获得胜利。我赢了这场争论！

法国的公立学校教师都是国家公务员，由教育部安排工作单位。尽管萨特被派往勒阿弗尔（Le Havre），而波伏娃被派到了马赛，但他们公开未婚同居的行为，还是在以中产阶级为主的学生家长中引起轩然大波。在他们看来，这两个人就是爱好爵士乐和电影的狂热分子，性情乖张、行为孟浪。

对我来说，说某人是"工程师"就是最难听的骂人话。受我影响，"海狸"也养成了这个习惯。

不是因为他的继父是一名工程师，而是为了强调我们彻底拒绝与这个由中产阶级的资本主义和应用科学所建立的世界为伍。

《恶心》

1938 年，萨特出版了他的第一本小说《恶心》。这部小说取得了即刻且持久的成功，萨特本人也认为，从文学角度看，这是自己最好的作品。故事发生于 20 年代末或 30 年代初法国的一个外省港口，萨特把它命名为布维尔（Bouville，法语意为泥镇）。很明显，这个地方以当时萨特教书的勒阿弗尔为蓝本。

布维尔的居民对富人充满鄙视，对穷人则抱有反讽的同情。

旅馆

小说采用了日记体形式，主人公名叫安托万·罗冈丹（Antoine Roquentin）。罗冈丹是一个住在酒店里的单身汉，仅有微薄的个人收入，但可以支撑他全身心写作一本关于 18 世纪冒险家罗尔邦侯爵（Monsieur de Rollebon）的传记。罗冈丹面临一个问题。

为什么我接触的任何东西，好像从我自己身体里发出一种感觉似的，全都让我觉得恶心？

他发现，答案在于，任何事物的存在都毫无道理。

> 一切实存者都是毫无理由地出生，
> 因软弱而续命，因偶然而死亡。

没有上帝会对这个世界做出最终审判，这一事实是罗冈丹感到恶心的根本原因。使他感到无休止的恶心的，是萨特对他（通过罗冈丹这一人物）所谓的"宇宙彻底的无缘由性和荒诞的偶然性"的直觉。

恶心，作为一种呕吐的欲望，是过度的结果。我们感到恶心是因为暴饮暴食。罗冈丹感到恶心是因为宇宙中的东西太多了，他的周围和内心都是如此。如果存在上帝，这个世界与世间万物就会有充分的理由存在，因为上帝一定是按照他的神圣意志创造了一切。

但因为不存在上帝，一切都缺少存在的必要性，充满根本的荒诞和偶然，这种感受笼罩着罗冈丹，让他恶心。

罗冈丹经常在一家咖啡馆消磨时光，那里的自动点唱机有苏菲·塔克（Sophie Tucker）的歌曲《总有那么一天》（Some of These Days）。

可以使我暂时摆脱恶心的一个方法是聆听这首歌。

他逐渐意识到，像所有曲调和数学概念一样，这首歌脱离了日常存在的荒诞和令人恶心的过剩。

正如圆自身确立自己的定义，即一条直线段围绕某个固定点旋转一周，一段音乐的存在也超越了意外与偶然的物理实存构成的世界。

即使你打碎唱片，或撕毁乐谱，这首歌仍然存在。它不像一棵树或一个人，它不是一系列物理环境偶然结合在一起的产物。

现实日常世界里发生的一切都不可能影响它，在这个意义上说，它超越了存在。

罗冈丹找到了这一问题的本质上属于美学的一个答案。在小说《恶心》的结尾，主人公决定写一本很特别的书。

> 它不仅像钢铁一样美丽和坚硬，并且因此摆脱了自然世界令人恶心的杂乱，还会让人们对自己的存在感到羞愧。

第二个目标的引入凸显了作为萨特所有作品基本特征的说教性。他作为一个作家不仅要探索自身的痛苦，还希望在别人心里引起相同的内疚和苦痛。

萨特没有在其他重要作品里延续这一通过艺术获得救赎的想法，倒是罗冈丹的抱负中的说教倾向在《恶心》之后的作品里有更多体现。从这种说教中，我们自然会联想起萨特的外祖父和舅舅，前者夺走了萨特正常的童年生活，后者则做了基督教的传教士。

人类是有罪的，我们应该为自己而感到羞愧，这一直是我们基督徒的基本信条。

他有什么权利说这种话？

在《恶心》里，这种罪恶的表现形式是人类相信自己有权利这样做。小说中最有力的场景之一是罗冈丹参观布维尔市立美术馆。在那里，当他观看那些讨好当地权贵的肖像画时，脑海里同时涌现两个想法。

一想到他们确信可以把自己的生存权利扩展到统治社会和用它来谋私利，我就感到愤怒。

一想到这些人对世界的荒诞、偶然性一无所知，我就感到厌恶。

小说表达了萨特对法国中产阶级的憎恶，这种憎恶逐渐主导了萨特的全部思想、写作和行动。

存在主义

从外部看，萨特早年的读书、执教生涯似乎是一种完美的融合：一个才华横溢的人融入一个与他的品位、才能相匹配的社会系统中。然而，从这种人生经历中诞生的作品却表达了一种持续的反叛，反叛他出身的社会和他接受的教育。这可以在萨特的**存在主义**（existentialism）哲学观中得到进一步解释。他在 1946 年的演讲《存在主义是一种人道主义》（"Existentialism is a Humanism"）中给存在主义下了一个定义。

> 存在主义是一种从彻底的无神论立场中推导出各种可能的结论的一种尝试。

这一通过贯穿全书的生理感受表达出来的观点，正是《恶心》的核心主题。

社会主义

"上帝不存在"这一观点贯穿了萨特的全部作品。他的全部作品只有一处提到基督，说基督是一个被罗马人处死的政治鼓动犯，从这一点就可以看出他对基督教的全然漠视。萨特没有对亲基督教观点做过任何正式的驳斥，与之相似，他也没有在任何作品里写过资本主义的卑劣本质和中产阶级的邪恶。在这两个问题上，他显然非常自信，可以找到与他观点相同的读者，以至于根本没必要做任何详细论述。

> 这难道不是很明显吗？在现代世界，唯一可取的经济组织形式就是某种形式的社会主义。

这种对社会主义的热情有时和萨特世界观中持久的悲观主义形成奇怪的组合。这体现在 1946 年 4 月他接受《世界报》(*Le Monde*)雅克利娜·皮亚捷（Jacqueline Piatier）的采访时表达的观点之中：

宇宙仍然黑暗。我们在劫难逃。

想象和自由

在萨特把教师和正在快速取得成功的小说家这两种身份结合起来，同时，他也在研究一些更严格意义上的哲学问题，尤其是想象力的问题。

> 我写了两本与此有关的书。

第一本是名为《想象》（*Imagination*，1936 年）的简短研究，详尽阐释了此前哲学家的观点。另一本是《想象心理学》（*The Psychology of the Imagination*，1940 年），篇幅更长，立意更高，也更有趣。这两本书的影响都不及《恶心》，后者被认为是 1938 年法国文学界的重大事件，并在 1950 年被评为"半个世纪以来法国最好的六部小说"之一。

这两本关于想象的书都引入了萨特早期作品中另一个占主导地位的核心观点——人类自由。萨特不仅是个作家，通过文学作品对上帝之死的后果进行了最为动人的描述，更重要的是，他还是个探讨人类自由的哲学家。

想象力的决定性特征在于人类意识能够想象不存在的情形。

自由的证据

正如后来他在《什么是文学?》("What is Literature", 1947年)的系列长论文里提出的,如果我们像计算机一样被编程,只是对一个个印刷文字的孤立刺激做出反应,那么,我们将永远不能站在整篇文本之外综合地理解它表达了什么。

让我们和自己的直接经验保持一段距离,正是这种能力使我们能够理解文本在说什么。

在更普遍的语境中,如果我们不能自由地把自己的思想从当下的环境抽离出来,或者不能想象现实中不存在的情况(当然,这是我们所有人都能做到的事),那么,我们就不是自由的。

我们这种能够想象现实中不存在的情形的能力，充分证明人类的行为和发展不像动物、植物和岩石那样受到决定论的支配。那些人类以外的存在者，它们是什么（它们的存在），全然取决于它们的本质，也就是它们注定要成为的东西。

橡树苗除了长成一棵橡树外别无选择，同样，一只幼犬要成为一只大狗，一片石灰岩将永远是一片石灰岩。

一棵橡树可能因为它所生长的土壤环境而变得高大或者矮小。

一只狗，因为它被训练的方式而变得温驯或者暴躁。

一块石头，因为人类决定用它做什么，而成为一堵墙或者一幢建筑的一部分。

本质和存在

但只有人类做选择。在这一意义上，正如萨特提出的，人的存在先于人的本质。在他们成为通奸者、基督徒、懦夫、异性恋者、保守派或是社会主义者之前，他们存在。

> 而一旦选定某些特殊的存在类型，他们就可以自由地表现出那些类型所具有的个性特征。

在人类中，而且只有在人类中，存在先于本质。在我们是任何别的什么之前，我们存在，而且我们是自由的。

这一正面的观点与贯穿《恶心》的形而上学绝望形成了鲜明对照。我们不仅在道德层面是自由的，因为并不存在一个我们有责任实现的神圣计划；更重要的是，我们也以一种更根本的方式是自由的，因为只有人类才能够做出具有道德意蕴的选择。

存在的道德价值

在萨特的作品中，取自大自然的譬喻寥寥无几。即使在以城市的和雅致的而著称的法国文学里，他本质上也是一个城市作家而非乡村作家。不过，在 1946 年的演讲《存在主义是一种人道主义》中，有一段文字使用了自然界来表达某个观点。

> 价值从我们的行动中升起，就像山鹑从我们脚下的草地上升起一样。

正如我们在靠近鸟儿时没法阻止它向上飞走，我们发出的行动也不可避免地会产生道德价值。

自欺：一个爱情故事

这一观点在一本紧随《恶心》出版的书里尤为突出。它是一本由五个小故事组成的小说集，在 1939 年 7 月出版，标题为"墙"（*Le Mur* / The Wall）。书中第二长的故事名为"亲密"（*Intimité* / Intimacy），它不仅研究了价值问题，也探讨了一个萨特本人提出的独特概念"mauvaise foi"，也就是自欺（bad faith）。

只有当一个存在者是自由的，并且知道自己是自由的，才会故意假装自己不自由，就像我们所有人有时候会做的那样。

这正是故事的主人公，一个名为吕西安娜·克里斯平（Lucienne Crispin）的巴黎店员企图做的，并且在某种程度上，她成功做到了。

吕西安娜嫁给了一个名叫亨利的男人，她对这个男人十分不满意。

我的情人皮埃尔，力劝我离开丈夫……

我的朋友亨丽埃特也鼓励我这么做。

吕西安娜跑来告诉我，她已经决定和皮埃尔一起离开。听到这个消息，我为她感到开心。

但是，让亨丽埃特感到困惑的是，吕西安娜明明知道会在巴黎的某个地方撞见亨利，而亨利则一定会把她拦下，为什么她还故意要到那里去？

摆脱自由

当这一不可避免的事件发生时，温和的亨利一把抓住他妻子的胳膊，亨丽埃特则从另一个方向用力拉她的朋友。夹在中间的吕西安娜像一袋衣服一样绵软无力，心甘情愿地任由两个人拉扯。

我希望的是，他们中的一个可以拉得再用力一些，这样我就可以不用自己做选择。

在"自欺"概念与我们对自由的认知之间的联系中有一种潜在的普遍性。

我们都能记起在某些情形下，我们尽一切可能让别人替我们做选择。

> 只有当一个人害怕自由，而且害怕自由带来的责任时，他才会试图以这种方式做事。

因为我们知道自己是自由的，但害怕自己的自由，所以我们才煞费苦心逃避它，并且在某些逃避成功的时刻感到如释重负。

发号施令的意识

在萨特眼里，人类天生就受意识而不是身体的指挥。吕西安娜想要和皮埃尔私奔，并不是因为充满激情的她和几乎是性冷淡的丈夫在一起倍受挫败，而是因为私奔会满足她的虚荣心。

她的行为印证了萨特在其最著名的哲学作品《存在与虚无》(*Being and Nothingness*，1943 年) 中充分讨论的一个观点。

每当我触及性冷淡 (frigidity) 问题的根源时，我总会发现这是一种有意识的选择。

这里，我引用了奥地利精神分析学家威廉·斯泰克尔 (Wilhelm Stekel) ……

吕西安娜害怕的是，如果最后她真的和皮埃尔私奔了，那她就做出了一个需要自己承担全部责任的选择。

她将把浪漫激情的价值观带入现实生活，并在实际上证明了通奸行为……

从而取代小资产阶级忠于婚姻的传统价值标准，而这恰恰是她过去一直努力恪守的观念。

如果我在性方面纵容自己，就会让这些价值观获得更多的现实性，而我对此还没有做好准备。

情绪是什么？

心灵总是支配着身体，这一观念是萨特思想里反复出现的主题。它延伸到情绪领域，在这一领域里，心灵和身体之间的关系非常复杂。法语说某人"生气"是"se mettre en colère"（把自己放在怒气中），这种表达对萨特来说是有道理的。

情绪不是支配我们的盲目的压倒性力量，而是人们有意识地选择要采取的行为的模式。

《一个领袖的童年》（"Childhood of a Leader"）是《墙》的最后一篇，也是它收录的五个故事里篇幅最长的一个。它讨论了"采取行动"（adopted behaviour）这一问题。

主人公是一位资产阶级出身的法国青年，名叫吕西安·弗勒里耶（Lucien Fleurier）。他和安托万·罗冈丹一样意识到了世界的荒诞性和自身的偶然性。

> 但他在面对这一点时，缺少我那样的诚实。

> 30 年代，法国右翼法西斯运动甚嚣尘上，受到蛊惑的吕西安在对犹太人的愤怒中找到了解决办法。

> 一旦我容许自己被这种愤怒所支配，我就不再感到心烦意乱、不快和不安。

相反地，他感觉自己像岩石一样坚硬和残酷，坚信他不仅有权成为社会领袖，而且有责任迫害犹太人。

当萨特在 1946 年出版他的重要作品《反犹与犹太人》（*Anti-Semite and Jew*）时，他可能就在提醒法国人，吕西安的案例不是一个简单的偶然事件。

犹太人问题

　　1940 年，国家元首贝当元帅和希特勒签署了一份停战协议，使得法国三分之一的领土免遭侵占。于是，维希政府成立，在国民议会中以 569 票对 80 票当权。还没等到德国人下令，它就立即制定了反犹法案。成千上万的法国犹太人遭到有组织的迫害，最终被送入死亡集中营。通过维希政权的卖国贼的行动，揭示了反犹主义在法国社会有多么根深蒂固。

　　所有的文明国家，包括法国，都感染了吕西安身上的病毒，甚至变得比他还要残暴。

与对其他情结的更笼统的解释相比——比如焦虑、悲痛、快乐、嫉妒、愉悦、伤心、满足或是对孩童的爱——在分析反犹现象时，萨特关于情绪的观点似乎更有说服力。

如今，吕西安的故事变得更加有意思，因为它预示着萨特后来的观点。这些观点尤其是在《什么是文学？》中得到了更充分的发展——当处理作者自己生活于其中的社会的问题时，想象性的写作才真正发挥它的作用。

战争经历

　　尽管《恶心》这部小说批判了法国社会，但它并没有就任何人能做任何事这一点给出任何建议。萨特在这方面的态度的转变源于他后来的"二战"经历：先是被俘，后来在纳粹占领法国期间参加抵抗运动。萨特从未将这段经历当作吹嘘的资本，宣称自己有多么英勇或者多么重要。他在1952年回忆说，直到1945年他才形成了后来主导他所有写作的发现。

　　社会分成不同的阶级。阶级矛盾，尤其是无产者和有产者之间的矛盾，构成了人类历史的动力。

1940年圣诞节，一位天主教牧师邀请我为战俘营的同伴们写一部耶稣诞生剧。这时我突然意识到，文学可以对人们表达他们共同的政治关切。

他创作了《巴里奥纳》（*Bariona*），或称《雷之子》（*Son of Tunder*）。

这是一部不同寻常的耶稣诞生剧，它只在 1940 年 12 月上演过一次，再无别的演出记录。地点是特里尔（Trier）12 号战俘营，那年初夏法国军队战败后，萨特一直被关押在那里。

主角巴里奥纳是一位犹太人的族长，他生活在罗马人占领下的巴勒斯坦。

为保护自己未出生的孩子和尚在襁褓中的耶稣免遭希律王和罗马人组织的屠戮，他最终决定领导一场反抗。

他这样做的理由是，他的孩子和圣婴耶稣将会生而自由，因此有机会为他们的存在本身永远感到欢欣雀跃。

《巴里奥纳》的主题——为存在本身感到欢欣非常重要——并未在萨特后来的作品中重复出现。在他一生出版的所有作品中，占主导地位的是沉重的阴郁气氛。事实上，在他40年代的写作与思想里，最吸引人的地方之一正是这两种倾向的强烈反差：一个是我们将在下文介绍的，朝前看的乐观主义愿景；另一个则是他在《存在与虚无》一书结尾提出的观点，"人是一堆无用的激情"。

荒诞

　　萨特在社会哲学层面主张政治激进主义，而在形而上学层面又流露出深刻的绝望。不过，在 20 世纪中叶，他并非唯一一位表现出明显矛盾的法国作家。**阿尔贝·加缪**（Albert Camus，1913—1960）是萨特的好友，两人的友谊一直维持到 50 年代早期。加缪在参加抵抗运动的同时，还出版了《局外人》（*The Outsider*，1942 年）、《西西弗斯神话》（*The Myth of Sisyphus*，1943 年）等作品，提出人类生活根本上是**荒诞的**。

　　萨特和加缪是当时的标志性人物，他们本人在当时的历史意义可能比他们发表的作品更加重要。两人都阐述了战后欧洲面临的本质性困境。

如果不存在上帝，人类应该如何，更重要的是，人类为什么应该依循道德来行事？

没错，如何以及为什么？特别是在整个欧洲社会都已经陷入崩溃之时。

苍蝇

　　萨特用首部"乐观的"戏剧《苍蝇》(*The Flies*)给出了第一个回答。这部将在巴黎舞台上演的戏剧改编自古希腊俄瑞斯忒斯的故事。俄瑞斯忒斯是国王阿伽门农的儿子,他为报父仇回到阿尔戈斯,杀死了篡位者埃癸斯托斯和自己的母亲克吕泰涅斯特拉,而后者正是杀死阿伽门农的真正凶手。

萨特的戏剧是对1940—1944年抵抗运动的讽喻,它相当直白。

奇怪的是,它逃过了德国的审查,被允许在1943年的巴黎上演。

一位抵抗战士

在**埃斯库罗斯**（Aeschylus，公元前 525—前 456）原来的戏剧《俄瑞斯忒亚》（*The Oresteia*，公元前 458 年）里，俄瑞斯忒斯除了为父报仇，杀死凶手外别无选择。

> 我这样做，是因为阿特柔斯家族遭受的诅咒和我个人无法逃脱的命运。

> 我改变了剧情，俄瑞斯忒斯不再是遭受诅咒的受害者，无助而不幸；他完全出于自由选择，决定要履行自己的职责，采取自己的行动。

这使得《苍蝇》里的俄瑞斯忒斯变成了抵抗运动的象征。纳粹和维希政权联合起来夺走了法国的自由，萨特则试图让俄瑞斯忒斯这个人物把它夺回来。

自由和自我意识

抵抗运动的成员应该毫不犹豫地杀死德国侵略者，也就是埃癸斯托斯……

……还有法国通敌者，他们就像克吕泰涅斯特拉，是维系不义统治的帮凶。

　　在戏剧结尾，当俄瑞斯忒斯拒绝为自己的所作所为感到悔恨时，他变成了这场运动的英雄。后来，那些强烈反对萨特的批评者讽刺地称这一处理为"抵抗主义"（resistentialism）。

俄瑞斯忒斯充分地意识到自己的自由和责任，于是他采取行动，让他的同胞获得自由。在 20 世纪 40 年代，正是这一点使得俄瑞斯忒斯在走向成熟的法国年轻人心目中成了一个了不起的英雄。

在维希政府四年的专断统治下，我们受够了它对民族负疚感的宣扬，推崇工作、家庭、爱国……的保守立场……

这些观念取代了原先共和国开放、积极的信条——自由、平等、博爱……

我们也想感受自由和责任。

在"二战"刚刚结束的世界里，萨特对他们说了他们想要听到的话。

存在与虚无

然而，早在 1943 年，萨特就在《存在与虚无》中表达了非常不同的看法。这本长达 632 页、排版紧密的哲学论著，发展了他最初在 1940 年讨论想象的著作中提出的自由观，但却导向了非常不同的结论。人依然是自由的，萨特仍然把自由视为人类经验的重要特征，是它使我们能够参与那些典型而又独特的人类活动，比如阅读、辩论、思考、预期和选择。

但自由的结果却比《苍蝇》乃至他在其余所有作品中呈现的都更令人沮丧。

我们的自由与这样的事实相连，即人永远无法从自我意识中逃脱。

无法逃脱的意识

　　无法逃脱的自我意识这一观念构成了《存在与虚无》的悲剧性主题。为说明这一主题，萨特在未完成的系列小说《自由之路》（*Les Chemins de la liberté*，1945 年）中创造了一个永远无法喝醉的人——小说主人公马休·德拉律（Mathieu Delarue），这也是萨特笔下最具自传色彩的人物。

> 无论我喝多少酒，我总能清醒地意识到我的存在和摆在我面前的选择。

> 因为我们总能意识到自己，并且能够想象意识不到自己的情况，所以我们就拥有从所处情境中退出来的自由，评估它，然后决定应该做什么。

　　但是这种永恒的意识也有严重的弊端。

吕西安·弗勒里耶是萨特小说《一个领袖的童年》中的人物，他渴望拥有岩石般的坚硬和牢固。这在萨特看来一点也不奇怪。

这是我们所有人都渴望的东西，没有人喜欢无止境的自我质疑，尽管这一质疑造就了人类本身。

我们都想把物质客体的坚固性和我们拥有它的充分意识结合起来。

但从根本上来说，这是我们无法做到的。

在《存在与虚无》中，萨特使用了一些专业术语，这最初让书中表达的观点显得晦涩——其实这些观点并不难懂。人的意识被称为"自为存在"（Le pour-soi/for itself），而宇宙中的物质客体则成为"自在存在"（en-soi/in itself）的一部分。

"自为存在"的目标是在保持"自为存在"的同时成为"自在存在"。

他想表达的真正意思是，我们都希望成为真正之所是，同时又对我们之所是有充分的意识。

但萨特认为，没有人可以拥有这种意识。

变化和非本真的存在

只要我们意识到我们之所是，我们就不可能完全是我们之所是。

我们拥有变化的自由，是我们的意识的必然结果，而这一变化的自由一直存在。

从根本上说，这是石头或其他任何物质客体都不可能拥有的。

那动物呢？它们对自身有意识吗？

在萨特所有出版的作品里，他都没有考虑动物的问题。在这一意义上，他遵循了 17 世纪法国哲学家**勒内·笛卡尔**（René Descartes，1596—1650）的传统，把动物看作机器。

《存在与虚无》里有一段非常著名的文字，描述了咖啡馆里的一个男侍者对自己的身份非常没有信心，甚至可以说，他努力在扮演一个服务员的角色。他的姿势有点儿过于精确，他对顾客们的礼貌在法国显得有点儿过于讨好，不够真诚和自然。

> 在某种意义上，我们都和他一样。

　　因为我们总是具有对自我的意识，所以我们永远没法完全成为自己。我们因此在扮演着自己——这是解决问题的方式之一，也是一种不诚实的或者说"非本真"（inauthentic）的方式。

"存在"和"有意识"的问题

　　除了术语的问题，萨特的论述还会面临一个根本的疑问：有什么证据可以支撑他的观点——"自为存在"总是想成为"自在存在"，并始终保持着对"自为存在"的自我意识。我们可以严格按照萨特的定义接受他的看法——"人类是自由的"，但要理解他的下一个关键性论述步骤可就没那么容易了。

为什么我们都想要达到这样矛盾的状态，即在对我们之所是保持充分意识的同时，完全成为我们之所是？

能将自身"存在"与完全的自我意识彻底结合起来的存在只有一个，那就是上帝。

存在还是行动？

当人们想要同时成为"**自为存在**"和"**自在存在**"的时候，问题就产生了。萨特的论证与人们在现实中的实际行为相符吗？你马上会发现，萨特认为相对而言没那么重要的，是**做**或者**行动**（to do）的欲望，它其实远比**存在**（to be）的欲望更加重要。

一个人很可能会说他想要成为出色的高尔夫球手、一流的钢琴家，或者成功的情人，但这不过是一种语言形式。

我真正想要的是把高尔夫球打好。

是弹奏出美妙的音乐。

是让他的情人和他自己一样享受性爱。

做的同时意识到这是你已经在做的事情，有什么问题吗？对萨特的"存在主义"先驱、德国哲学家**马丁·海德格尔**（Martin Heidegger，1889—1976）来说，确实存在着问题。

存在的丧失

　　萨特哲学从海德格尔那儿受益匪浅，尤其是萨特颇知名的术语"虚无"（nothingness），它取自海德格尔思想中的**虚无**（das Nichts）。它指出，"存在"是无对象的，只有通过自由选择的行为，人类本性才存在。

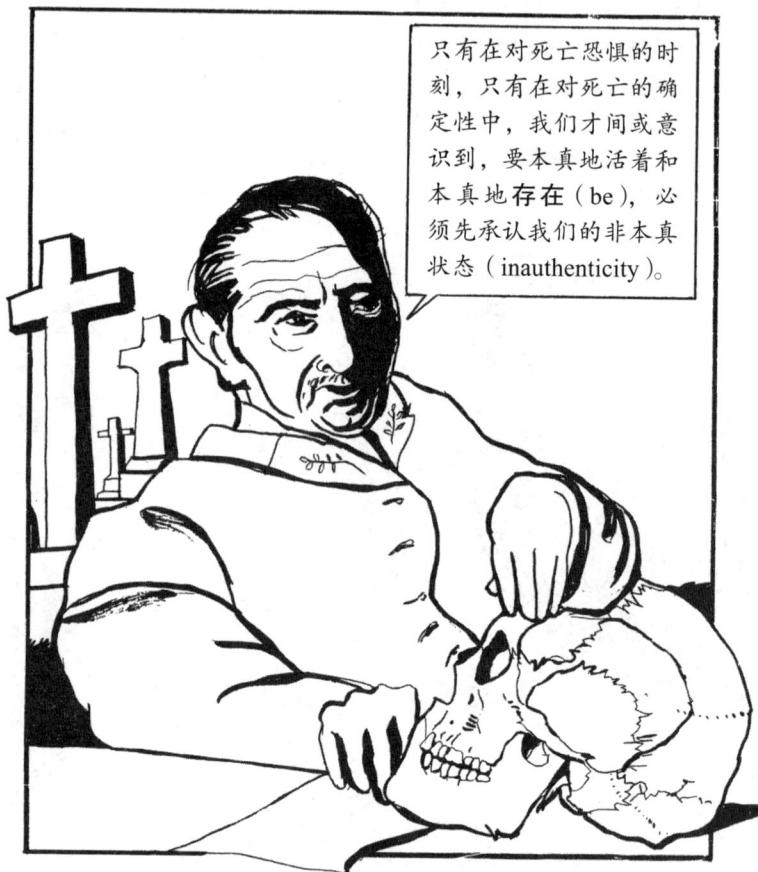

> 只有在对死亡恐惧的时刻，只有在对死亡的确定性中，我们才间或意识到，要本真地活着和本真地**存在**（be），必须先承认我们的非本真状态（inauthenticity）。

　　如果说萨特的术语很难理解，那它和海德格尔的《存在与时间》（*Being and Time*，1927 年）相比，只能是小巫见大巫。对海德格尔来说，"存在的问题"在于，我们都关心实践世界中的**行动**（doing）而非**存在**（being），所以我们"堕入非本真状态"。

我们沉降到被海德格尔称为"常人"（theyness）的非本真状态："我们感到快乐，因为**常人**（they）感到快乐；我们观看、评价文学和艺术，因为常人都观看和评价；我们对常人感到震惊的事儿感到震惊。所有这些情形下的'常人'，都描述了日常状态下的存在。"

萨特认为这两者没有区别的原因是，人永远不可能成为"上帝"（或ens sui causa，自因的存在）。他悲观地下结论，非本真状态、"常人"和荒诞是无法逾越的。

没有出路

通过在他最著名的戏剧《禁闭》（*In Camera*，1944 年）里建立起来的"存在主义实验室"，萨特探索了"常人"这一主题。这部戏剧是应三位演员的请求而写的。

我们想要这样一出戏，在它最具戏剧性的时刻，我们三个都不会离开舞台。

每个人都有相同数量的台词。

而且和舞台上的另两个人有着相同复杂程度的关系。

《禁闭》里的三个角色分别是加尔桑（Garcin），最后被证明是一个懦夫；伊纳（Ines），一个公开的女同性恋者；以及埃斯特勒（Estelle），一个女杀婴犯。他们所处的地狱是一个以法兰西第二帝国（1852—1870）风格装饰的客厅。他们遭受的折磨是精神的而非肉体的，这依赖于萨特从德国哲学家**黑格尔**（G.W.F. Hegel，1770—1831）那里继承的观点——人类的心灵总是彼此冲突的。

根据萨特和黑格尔的观点，当两个人在一起时，每个人都希望自己在他人心中表现为理想化的形象，并试图强迫他人以他想要被看待的方式来看待他。

我们所有人都对自己有一个认识，并希望这个认识得到他人的认同。这使得我们首先把别人当作这一认识的理解者和支持者。

但反过来，别人也试图对我们做同样的事。自我中心的自我观造成的这种冲突的后果是，作为人类关系基本特征的永恒冲突。

相互自欺

正是这一点使得加尔桑在戏剧结尾得出结论：在早期，富有想象力的神学家们曾试图用"地狱般的"刑具来恐吓同时代的人；但事实上，他们完全没必要这么做。

他人即地狱。

如果这个房间里只有我们两个人，或许有办法让我们与命运妥协，免遭痛苦。

通过被萨特称为"相互自欺"（mutual bad faith）的过程，加尔桑或许可以说服埃斯特勒不把他看作一个懦夫——尽管他实际上就是……

而是一个遭遇不幸和不公正待遇的男人，在关键时刻被他的身体所拖累。

相应地，他也不会把我看作一个自私、愚蠢的女人——尽管我实际上就是，而是当时环境里一个被误解的受害者。

但对你们来说，不幸的是，伊纳在这里，而我批判性的目光将在这种相互自欺建立起来之前就摧毁它。

这种直至死亡的挣扎被黑格尔和萨特的《存在与虚无》描述为我们与他人关系的本质特征。通常当我们还活着的时候，我们能够与之达成和解；只要我们还活着，我们就可以通过行动自由地改变我们的个性，而不是仅仅依赖别人如何看待我们。

这就是"常人"的地狱——没有出路！

正是这一思想，而不是萨特对黑格尔"每个头脑总在寻求他人的死亡"这一观点的继承，带给《禁闭》这部作品真正的旨趣，并赋予它深刻的道德和心理学内涵。

这部戏剧是献给"那位女士"的，她曾告诉我不希望人们因为自己的行动而被评判。

我认为更重要的、真正让我成为我自己的，是我的意图和内在本质。

这正是萨特在他的戏剧里试图拒绝的观点，而且他的论据无可挑剔。把我们定义为人类的，只能是我们的所作所为。这是一个过于真实，或者说有点儿悲观的事实，别人评判我们的标准并不是我们做了什么，而是我们做错了什么。

我们同样很难拒绝萨特的这一观点：不存在"本质的自己"这回事儿。没有人可以成为加尔桑声称自己所是的那种人。

这和萨特在别处主张的对自由观点的坚持并不矛盾。加尔桑的行为是自由的：因此，是他，而且只有他，应该对这一行为负责。这部戏剧表达的伦理观是一种道德态度，它严肃、坚定，几乎和萨特信奉新教的施韦策祖先们如出一辙。

与其他任何一部 20 世纪的法国戏剧相比，无论是上演的场次还是上演的地方，《禁闭》很可能都是首屈一指的。在 1944 年，它有助于加深这样一种印象，即战后的法国文学是萨特主导的，就像 18 世纪的法国文学被他的伟大先行者——启蒙主义哲学家**伏尔泰**（Voltaire，1694—1778）主导一样。

现在萨特已经获得国家教育部门的许可，可以离开教师行业而成为一名全职作家。1945 年，他访问了美国。

我对电影的热情促使我对奥森·威尔斯（Orson Welles）的电影《公民凯恩》（*Citizen Kane*）写下了一篇不那么热情的影评。

他身边有许多情妇，而西蒙娜·德·波伏娃对此似乎没什么异议。

萨特和西蒙娜

　　萨特和西蒙娜·德·波伏娃使用了一种特殊术语来描述他们的关系。

> 本质的爱——这是用来描述我们彼此间感情的术语。

> 以及，偶然的爱——这是我们和别人的关系。

　　他们很少住同一座公寓，甚至很少住在同一家酒店里。1945 年 1 月约瑟夫·芒西去世后，萨特在 1946 年年末搬回与母亲同住。他们的公寓在圣日耳曼德佩区，萨特在那里一直待到 1962 年。

萨特和波伏娃——法国最著名的女权主义者——终生保持的关系似乎对他的大男子主义没什么影响。当时对女权主义怀有敌意的批评家们利用这一明显的悖论，仿佛西蒙娜这个女权主义最著名的代表从一个男人那里获得了她全部的思想。事实上，她最有影响力的书《第二性》(*The Second Sex*, 1939 年) 确实表达了一些在萨特的作品中也能找到的观点。

因为女人总是被当作男人世界里的物品，永远被置于一个不是她们自己所创造的环境，所以她们被剥夺了自由。她们没有可能通过建立和追求的筹划 (project) 来超越自己的处境。

这是男人用以逃避和克服自然世界的事实性 (facticity) 的办法。

萨特和西蒙娜都坚持认为，他们的思想是共同发展的。对于他们大力宣扬的世界观，不可能说谁是父亲，谁是母亲。

尽管从 30 年代初开始，萨特和西蒙娜就是恋人，但他们从未结婚，也没有孩子，而且两人都和别人有不少广为人知的绯闻。1973 年，为了支持法国堕胎合法化运动，波伏娃作为女性在一封公开信上签名。

这封信声称，萨特和我故意做了一场手术来阻止怀孕。我们对法国当局发起挑战，要求它起诉我们。

很遗憾，她没有把自己和萨特的基因传给下一代，而这本会成为一个非常有意思的结合。她也拒绝了在抚养儿童方面展示萨特和自己的机会，我们不清楚他们会不会在这方面比他们诟病的那些父母、祖父母表现得更好。

对波德莱尔的存在主义精神分析

1946 年，萨特出版了一本对晚期浪漫主义诗人**波德莱尔**（Charles Baudelaire，1821—1867）的研究著作。这本书为萨特的自欺概念提供了最好、最有说服力的例证，也是第一个"存在主义精神分析"的样本，而这种实践在他后来的其他文本里被广泛应用。

存在主义精神分析揭示了萨特和弗洛伊德是如何截然不同。

> 它基于这样一种观点，儿童发展的关键年龄是七八岁，而不是婴儿早期。

> 它也否定了弗洛伊德毫无经验基础的无意识（unconscious）概念。

它也在下面两点和经典的弗洛伊德的分析不同：萨特写作时强烈的道德口吻，和他坚持社会因素在儿童发展中的作用。

波德莱尔的例子

　　波德莱尔在他父亲 60 岁、母亲 26 岁时出生。1827 年，波德莱尔 6 岁，他的父亲去世。

我非常快乐地享受母亲一个人的陪伴……但一年以后，她再婚了！

我的新丈夫奥皮克少校（Major Aupick）是个聪明、有抱负的年轻军官，后来被提拔为将军。

我的事业非常成功，最终担任了法国驻君士坦丁堡的大使。

波德莱尔对他十分嫉妒，并因为母亲的"背叛"行为而感到愤怒。事实上，他对奥皮克将军的怨恨如此之深，以至于他把他当作拉伊俄斯，也就是俄狄浦斯（波德莱尔自以为是俄狄浦斯再世）必须杀死的人。据说1848 年 2 月巴黎革命的时候，波德莱尔曾登上一块街垒大喊……

经典的俄狄浦斯

波德莱尔的行为使得弗洛伊德式的批评家们把他看作俄狄浦斯情结的经典案例。

> ……儿子为了全然占有母亲而想要杀死父亲的愿望。

> 然而，这种情结不是儿童可以控制的。

在弗洛伊德的追随者们看来，波德莱尔被一系列强大的无意识冲动所控制，而这些冲动在发生时是不可能被理解的，它至多也只能在多年后的回顾和经过一段时间的精神分析才被理解。

萨特拒斥弗洛伊德关于无意识动机的全部观点。在他看来，如果我们允许自己被我们的冲动所左右，那也是因为我们自由地决定了这样做。

> 这正是波德莱尔所做的——自由地选择了作为一个被父母抛弃、遭社会迫害的小男孩来度过他的一生。

此外，他是在被萨特视为关键年龄段的七八岁时做出了选择。在这个年纪，萨特自己也做了一个关键性决定——成为一名作家。正如他在1963年的自传《文字生涯》里所写的，这决定了他一生的进程。

文字和作家

波德莱尔是一位被广泛研究的作家。基于对萨特本人的充分了解，批评家们认为，某种程度上，萨特把自己的经验投射到了波德莱尔身上，同时庆幸自己没有屈服于那种波德莱尔早就屈服的诱惑。

1945 年，萨特创办了评论月刊《现代》（*Les Temps Modernes*），和查理·卓别林（Charlie Chaplin）的电影《摩登时代》（*Modern Times*）相呼应。1947 年，他为杂志写了一系列长长的文章，后来以书的形式出版。这本《什么是文学？》捍卫了"介入的作家"（l'écriuain engagé）这一观点。只有当作家离开象牙塔，为进步、人道和社会主义事业进行正义的斗争时，他才真正成为自己。

萨特的自传《文字生涯》不仅刻画了那个他强烈痛恨的阶级（这在他所有的作品里都有体现），而且有一个单独的敌人——他的外祖父夏尔·施韦策。

选择的差异

　　萨特不断地读和写。事实上，他写得如此之多，以至于有一回夏尔·施韦策表现得像一位正常的父亲会做的那样——他没有扮演他最喜欢的让人敬爱的外祖父角色，也没有像《文字生涯》里描述的那样行事，即沉湎于装模作样的表演，而是严肃地对待年轻的萨特。

> 夏尔以自己能够有的一切庄严态度发出警示，警告我从事文学职业的危险。

　　如果我们相信萨特的话，从那一刻起，一切已成定局。

不同于萨特在波德莱尔研究中对一个失去父亲的孩子如何转向文学的解释，《文字生涯》充满智性的氛围。这两个案例都与存在主义精神分析的核心概念相一致，即《存在与虚无》中提出的，生命里的关键事件大约在七岁时发生。

虽然萨特假设，波德莱尔始终可以自由地质疑他最初的选择，摆脱他强加给自己的角色—— 一个受虐待的孩子和被误解的天才，但萨特对自己生活的描述却与此大不相同。

外祖父猝不及防而又郑重其事的警告促使我决定成为一名作家。

尽管这一选择随后转入地下，但它却一直主导甚至决定着他的行为。萨特写到，如果当他年过五十时仍然是个作家，那么就是一个孤独、不幸的孩子在完成一个老人偶然强加在他身上的使命。

浪漫的神话

在萨特另一方面的论证中，让《文字生涯》和关于波德莱尔的讨论产生了更多的关联。相比于对弗洛伊德主义的存在主义式攻击，这一论点在当时被认为更具冲击力。

萨特的论证攻击一个**神话**（myth）。波德莱尔本人从浪漫主义那里继承了这一神话，并继续对这一神话的力量和发展做出巨大贡献。

因为他自己的本性和社会本性间的冲突，诗人注定是一个永远孤独、痛苦的人。从根本上说，他比别人更加高贵、敏感，所以注定因其使命的本质而痛苦。

在萨特看来，这种神话不仅深深扭曲了作家本人和当时社会之间的关系……

它还为波德莱尔提供了一种非常方便的借口，使他沉溺于自己独特形式的自欺中。

我们都受到诱惑想要逃避我们的自由，但大多数人都不会像他一样采取一种持续的惊人的方式。

我们都试图用自己的生活经历编造我们的私人神话，以此免除我们遭受的所有指责……

同时，把我们成了什么样的人的责任推给别人。

正如萨特在研究的结束语中所说，波德莱尔是这种倾向最典型的例子：一个对人类自由有着最敏锐意识的人，却尽最大可能去拒绝接受它。

创造一个自由社会

在萨特生命的任何时期，拒绝自由都不可能成为对他本人的指控。和许多在 20 世纪 30 年代初次注意到政治的作家一样，直到生命终结，萨特都坚信只有社会主义才能创造一个真正自由的社会。

资本主义是滋生法西斯主义的土壤。相反，社会主义意在创造一个所有人都自由的社会。

在萨特的政治作品里，有一个最常出现的观点：没有一个社会是自由的，除非它的所有成员都享受同等程度的自由。

而且他声称，既然资本主义社会没法做到这一点，工人阶级远不如中产阶级（也就是总被他称为布尔乔维亚的那些人）自由，那么，志在推进人类的自由的作家，他们的第一要务就是努力建设一个社会主义社会。

这一论点构成了 1947 年的论文《什么是文学?》的主旨,而作为极具想象力的作家和政治思想家,这一观点也和萨特遇到的最大问题密切相关。

因为他从未停止过坚持……

社会主义

只有工人阶级才能实现社会主义,只有在绝对优先考虑工人阶级需求的情况下才能有所作为。

共产主义者……

但在 20 世纪中期的法国，绝大多数在政治上活跃的工人阶级，要么是缴纳党费的共产党员，

要么是法共领导下法国总工会的成员，

要么是在议会选举中定期投票给共产党候选人的选民。

不同于加缪和乔治·奥威尔（George Orwell），萨特并不准备和共产主义撇清关系。事实上，直到 1961 年，他还写道……

无论苏共犯下了什么错误，和资产阶级民主相比，它至少有一个令人敬畏的优点：它想带来革命。

关于社会主义在何种情形下可能实现，萨特跟他自己以及他的观众们进行了辩论，这一点直接启发了萨特 1947 年的剧本《肮脏的手》（*Les Mains Sales*）。

弄脏你的手

根据戏剧名《肮脏的手》，我们应该明白为什么它可以和 1943 年的《苍蝇》相提并论。两部戏都围绕一场谋杀和凶手对待自己行为的态度展开。雨果·巴里纳（Hugo Barine）是试图"弄脏自己的手"的年轻革命家，他和《苍蝇》里的俄瑞斯忒斯有着明显的区别。

> 我为自己的行为——杀死我的母亲和她篡位的情人——感到骄傲，并愿为之负全部责任。

> 我并不像他一样确定自己做了对的事情。

事实上，正是雨果发现自己进行了一场意义悬而未决的谋杀，而他仍可以自由决定其谋杀行为的意义，这使得戏剧的英文标题"情杀"（Crime Passionnel）如此恰当。

苏共路线的变化

如果我们考虑1939年到1947年苏共路线的巨大变化，就会更好地理解这两部戏剧的差异。1939年8月，德国和苏联签署了一份互不侵犯条约。

1941年6月21日，纳粹德国入侵苏联，所有的一切都在那天改变了。

纳粹成了共产党人的死敌！

因此，《苍蝇》庆祝的大约是 1943 年的那个时期，当时共产党人正在抵抗运动（Resistance movement）的前线，而法国共产党也清楚无误地站在了自由这一边。

但到了 1947 年，事情又一次发生了改变。"冷战"开始了……

苏联出兵东欧。

西方已经不再将支持苏共等同于支持"自由事业"。

西方对共产党的态度发生了如此剧烈的变化，一个像雨果·巴里纳这样的年轻人该如何在政治上定义自己？这是《肮脏的手》的核心……

故事发生在第二次世界大战期间一个被德国占领的东欧国家，萨特给它起了一个莎士比亚式的名字——伊利里亚。一场抵抗运动发生了，其中无产阶级政党是它最重要的力量之一，而贺德雷（Hoederer）则是其主要派系的领袖。

贺德雷主张与抵抗运动中非共产主义的政党暂时结盟。

我所在的一派受路易领导，他们反对这样的结盟。

雨果所在的路易一派受到莫斯科的支持，而这种支持最后被证明仅仅是暂时的。

为了防止贺德雷主张的路线变为现实，雨果·巴里纳接受了路易的计划。

雨果将不再为自己和自己的身份感到不确定，抛弃那种令他痛苦的感觉。通过主动选择犯罪，他将成为"射杀贺德雷的人"。他反对贺德雷所代表的投机主义和**现实的政治**价值观，并将捍卫政治纯洁的价值。

但雨果不是俄瑞斯忒斯，贺德雷也没有像埃癸斯托斯那样犯下公认的罪恶。事实上不多久后，雨果就像哈姆雷特一样对自己的行动无能为力——他变成了贺德雷的仰慕者甚至是政策支持者，而贺德雷恰恰是他曾经承诺要杀死的人。不过，雨果有一个年轻漂亮的妻子杰西卡，她不能在雨果那里得到性的满足，但却被强大、成熟的贺德雷强烈地吸引。

正当雨果进门想要告诉贺德雷，他自己要改变立场和贺德雷一起工作的时候，他看见贺德雷把杰西卡抱在怀里。一阵强烈的嫉妒促使他干出了过去的政治信仰还不足以让他干的事——他朝贺德雷开了枪。

对仍执掌伊利里亚的当局来说，这是一场情杀。雨果被判刑两年。而对他在路易一派的同志来说，这是一场巧妙地伪装成情杀的政治谋杀。直到新指示从莫斯科传来，贺德雷的政策主张才被证明是正确的。

我成了这一政治意见的尴尬见证人，而现在，所有人都必须当它从未发生。

谋杀雨果的计划被实施，有人给他送去了一盒有毒的巧克力，但计划并未成功。当雨果被释放的时候，他仍是路易派想除掉的尴尬见证人。

但现在共产党缺人，雨果得到了一个将功补过的机会。

如果你承诺闭口不提往事，并且把刺杀贺德雷的行为看作情杀，那么你可以活下来，甚至有机会再一次为党工作。

尽管直到那一刻雨果还不确定自己为什么杀了贺德雷，但是，他突然做了一个决定。

现在我意识到，我是出于**政治理由**杀死了贺德雷。通过选择被杀，我将赋予我的行为以**政治意义**，过去它一直是隐含的、不确定的，但现在我将使它变得明确。

他拒绝了回归组织的提议，最终被枪决。

在哲学意义上，这是一场关于自由、身份和选择的戏剧。雨果和萨特论文里的波德莱尔一样，对人类自由的本质有着敏锐的感知，但又有相同程度的焦虑，想要摆脱它。

我不能接受这样的事实：人类跟动物和其他物质客体不一样——人们永远不能以一块石头或一棵树那样真正是其自身的方式，真正是他们自己。

他不能接受人类境况的"本质"：我们永远对自我保持着意识，因此永远可以自由地成为另一个不同的人。

正如波德莱尔通过成为浪漫主义时期**被诅咒的诗人**的化身而成功做到的那样（或许在萨特主义者眼中这并不能算成功，但在波德莱尔自己眼里却是成功的），雨果努力成为一个坚强的有行动力的、射杀了贺德雷的人。但他失败了，而只有部分原因被《肮脏的手》揭示。

假如雨果像俄瑞斯忒斯那样毫不犹豫地杀死了贺德雷（尽管这将使这部戏剧不再如此引人入胜、激动人心），他也仍然会陷入相同的困境。和物质客体一样，行动本身没有任何意义，只有在我们不断地以自由身份赋予它们意义时，它们才有意义。

如果《禁闭》中的加尔桑的表现像一个懦夫，但他没有被杀，那么他仍可以在下一次有所挽回。

但是，即使我过去表现得勇敢，最终我以一个懦夫而死的可能性始终存在。对此，我无法逃避。

即使我决定回归共产党，这仍然会是一个我可以质疑的选择。

正如萨特用他那句令人印象深刻的话所说的：“人，被判定自由。”除了死亡，人无法摆脱自由。这既是祝福，又是诅咒。

出于政治和哲学的原因，1948 年 4 月 2 日在巴黎上演的《肮脏的手》成了法国戏剧界的大事件。尽管萨特本人一再声明，他只是想设置一个"目的－手段"的困境，他个人的全部关注点在于刺杀贺德雷的"肮脏的手"的政治方法，而不是雨果的理想主义……

这部戏被普遍认为是对共产主义的攻击！

但它的情节还表达了别的什么？

在同一时间，党的路线既足够**神圣**，可证明刺杀行为的正当，又足够**灵活**而可以随时改变。

这似乎使萨特非常震惊，他没想到《肮脏的手》可以被用于推动反苏联的意识形态运动，而这正是"冷战"的一个重要标志。

忠于社会主义信仰

事实上，在 1952 年，萨特甚至禁止了该剧的演出。他说，这部戏剧正被一些他从未想到且从未认同的意图所左右。不过，这并没有阻止萨特批评斯大林主政的苏联。

1950 年，他用了一整期《现代》来谴责苏联的劳改营。

我同样猛烈地抨击了苏联在 1956 年出兵匈牙利的行为。

但萨特从来没有放弃自己的信仰——坚信只有通过社会主义的创造和随之而来的工人阶级的解放，才能获得真正的自由。也只有在这种情形下，文学才能变成萨特心中设想的样子——对社会的自我意识，而且是**永远处在变革中**的社会。

从 1952 年开始，萨特的作品发生了变化，他的政治态度变得越来越激进。从 1952 年 5 月起，他写了一系列长文章，其中《共产党人与和平》（"The Communists and Peace"）在《现代》杂志发表。这些都与法国政府和右翼媒体的行为息息相关。1952 年 5 月，爆发了一场反对北约新任最高指挥官李奇微将军抵达巴黎的示威活动。这场由共产党组织的示威游行以失败告终，并被法国政府和右翼媒体所利用，引发了上述的笔锋争端。

李奇微将军曾在朝鲜半岛服役。1950 年 6 月 24 日，美国、英国、法国以及其他一些国家的军队打着联合国旗号参战，试图击退朝鲜的军队。

阶级意识的问题

在法国共产党及其众多支持者眼里，李奇微很容易因朝鲜战争中授权发起细菌战一事遭受广泛的指责。然而，反对他的示威活动没有成功。

萨特对此的看法完全不同。正如他在《共产党人与和平》中论述的那样，在他看来，只有通过共产党，法国的工人阶级才能作为一个整体拥有自我意识。如果它拒绝听从党的指挥，就会沦为"序列的群体"（seriality），这一概念在他后来的《辩证理性批判》（*The Critique of Dialectical Reason*，1960 年）中被提出。

> 它仅仅是孤立个体的集合，没有能力采取政治行动或是拥有批判性的自我意识。

《共产党人与和平》的发表使得萨特成为法共最著名的"同路人"之一、一个党外的支持者。

越南战争

和世界各地的大多数左翼人士一样，萨特强烈反对 1946—1954 年法国为了保住其势力在越南发动的战争。1954 年，法国在奠边府的战败结束了这场战争。共产党的北越和据称独立的南越达成暂时的停战协议，直到后来双方再次发生冲突，拉开 1965—1973 年越南战争的序幕。

在反对美国在越行动的抗议中，萨特表现得比批评法国政府时更加活跃。

"冷战"的态度

在萨特的作品里，强烈反对西方国家向第三世界殖民地发动帝国主义战争，是一个频繁出现的主题。诚然，朝鲜战争爆发时来自朝鲜的武装部队首先开火，这一事实让他感到些许不安。

> 不过，我把它解释为对美国挑衅的正当回应。

正是他对美国在"冷战"中所作所为的敌意，决定了他在 50 年代的作品和社会活动中更转向"左倾"。

马克思主义和存在主义

萨特继续支持苏共，直到 1956 年苏联对匈牙利革命的镇压促使他切断了与苏共的一切联系。即使这样，他也没有放弃自己的观点，即马克思主义是 20 世纪唯一可行的哲学。在一篇名为"斯大林的幽灵"（"Stalin's Ghost"）的文章中，他谴责苏联对匈牙利的干预，并承认这一切都被斯大林主义扭曲了。

> 尽管斯大林主义在建设苏联社会主义时有其历史必要性，但这并不意味着马克思主义就错了，或者建立在马克思主义基础上的革命就注定失败。

为了更快、更有效地实现真正的社会主义，是时候让党采取更自由的政策了。在 1957 年发表于《现代》杂志的文章《方法论若干问题》（"Questions de Méthode"）中，萨特提出，通过接受存在主义所能提供的改革，马克思主义可以更成功地实践社会主义。由于对直接经验的关注，存在主义可以阻止马克思主义变成干枯、抽象的神学。

> 马克思主义不会被存在主义所取代。马克思主义，而且只有马克思主义，是现代世界唯一有效的哲学。

短暂的乐观

无产阶级是掌握未来的阶级，而马克思主义是唯一一门能使无产阶级理解自身经验的哲学。不过，存在主义也可以发挥有益的作用。

正如它坚持，自由可以使人类个体实现一定程度的身份认同和本真性……

所以，作为一门使无产阶级实现自我意识和本真性的哲学，它可以帮助马克思主义。

50年代，上述观点的发展与三部戏剧的上演密切相关，它们分别是《魔鬼与上帝》(Le Diable et le Bon Dieu，1951年)、《凯恩》(Kean，1952年)和《涅克拉索夫》(Nekrassov，1955年)。在这些戏剧里，一系列英雄与自己的命运达成了某种程度上的和解。

格茨（Goetz），第一部戏剧里的英雄，放弃了追求绝对——无论是绝对的善还是绝对的恶。

我决定成为一支德国农民军队的领袖，领导他们去反抗封建地主。

《涅克拉索夫》中的骗子乔治·德·瓦莱拉（Georges de Valera）承认，他吹嘘自己因为"选择自由"而背叛苏联，而这全是一派胡言，

并因此揭露了法国反共媒体的虚伪和贪婪。

凯恩放弃了成为一名英国贵族的梦想，而成了他真正之所是——一名**演员**。

如果我们回忆起《存在与虚无》中的咖啡馆男侍者，他对自己的身份如此不确定，以至于"扮演"一个服务员的角色，相比起来，这里的选择有意思得多。在《凯恩》里，萨特几乎是在说，既然我们只能扮演一个角色而别无选择，那我们就应该以一种有意识的热情来行动，这种热情甚至可能带给我们一定程度的本真。

1968 年 8 月 21 日，以苏联为首的华约部队进入布拉格，镇压了亚历山大·杜布切克（Alexander Dubcek）在捷克斯洛伐克领导的社会主义。对此，萨特的回应是激烈的，但实际上又属于虚无的悲观主义。在为安德烈·黎姆（André Liehm）的书《三代人》（*Three Generations*，1970 年）所写的序言中，萨特攻击了当今世界的权力集团，认为他们是"神圣同盟"的翻版，而后者在 19 世纪上半叶曾镇压欧洲革命。萨特坦言，他找不到任何方法可以修理这台在其位置上运作的权力机器。

全世界的人民必须紧紧抓住它，把它扔进垃圾堆里。

1968 年 5 月

　　与捷克斯洛伐克的悲剧几乎同时发生的，还有 1968 年 5 月法国学生运动的失败。这些事件的失败使得萨特对欧洲政治的未来感到绝望。从 60 年代起，他更加关心殖民世界反抗帝国主义统治者的斗争。在对待欧洲帝国主义的态度上，他与自己所在的阶级乃至自己的家人有着极大的不同。这两者间的差异可以用阿尔贝·施韦策医生的名言来概括地回答——如果我们记得的话，阿尔贝是萨特的舅舅，也是举世闻名的基督教传教士。

* O.R.T.F. 指法国广播电视公司。——编注

阿尔及利亚的抗争

在所有与萨特不同的观点中，施韦策医生的父爱主义态度可能是差别最大的。在弗郎茨·法农（Frantz Fanon）的书《地球上的不幸者》（*The Wretched of the Earth*，1961年）的序言部分，萨特提出，所有非洲、亚洲的人民都有义务和权利通过暴力手段推翻西方帝国主义。

在反抗的第一阶段，流血是必要的。射杀一个欧洲人好比一箭双雕，既消灭了一个压迫者，也消灭了一个被压迫者，留下的是一个死去的人和一个自由的人。那个活着的人将第一次真正感受到，脚下的土地属于他自己的国家。

在萨特写下这些文字时，阿尔及利亚民族解放阵线对法国统治的武装反抗已经进行到第七年——它在法国败退印度支那后立即开始。萨特尽一切可能，努力让法国舆论有思想准备来接受这样一个事实，即法属阿尔及利亚只是一个神话。

对法国来说，越早撤出最后一个殖民地越好。

针对这个问题，他在《现代》杂志上写了大量的文章，其中最重要的一篇是《殖民主义是一个体系》（"Le Colonialisme est un système"，1957年）。这一经典的论述以列宁的帝国主义理论为依据，阐释了法国自 1830年首次征服阿尔及利亚以后，如何纯粹为了自己的商业利益而剥削它。

在阿尔及利亚战争（1954—1962）期间，萨特的公寓两次被法属阿尔及利亚的支持者们投掷炸弹，1961年7月19日和1962年1月1日，攻击者反对萨特支持阿尔及利亚独立运动。这充分反映了当时紧张的政治氛围，而在第二次爆炸之后，萨特不得不搬离他的公寓。

对大多数左翼人士来说，阿尔及利亚的反抗是一场完全正当的反抗，萨特自己也把它视为所有自由人的事业。

但这场解放必须由阿尔及利亚人和法国工人阶级自己通过努力来实现。

萨特不愿意看到法国在一位年老的、信奉天主教的、思想保守的将军——比如**夏尔·戴高乐**（Charles de Gaulle，1890—1970）——的统治下，最终同意归还阿尔及利亚的独立和自由——虽然这在 1962 年真实地发生了。值得注意的是，无论是萨特还是他的支持者们，都没有提到戴高乐的成功之处：通过承认阿尔及利亚是一个独立的国家而结束阿尔及利亚战争，同时也避免了法国的内战。

《阿尔托纳的隐居者》

　　1959 年，萨特完成了他生命里最后一部重要的戏剧《阿尔托纳的隐居者》（*Les Séquestrés d'Altona*），想向法国人指出，法属阿尔及利亚的政策在政治、经济和道德方面有多糟糕。

　　戏剧情节发生在 1959 年高度繁荣的联邦德国。为了给自己的战争罪行提供一些具有追溯效力的辩护，一位名叫弗兰茨·冯·格拉赫（Franz von Gerlach）的德国军官把自己锁在楼顶的房间里。他假装德国仍是 1945 年他从俄国前线上返回时见到的样子——满地废墟，一片狼藉。

这场战争的失败会带来如此巨大的灾难，以至于任何试图避免它的举措都被认为是正义的。

弗兰茨·冯·格拉赫的父亲是一位非常成功的德国造船商，他的事业如此庞大、繁荣，以至于他自己无法再控制它。

他的事业正在控制他，支配他的生活，迫使他牺牲自己的儿子来满足它的需求。

我宁愿看见弗兰茨死，也不愿意看见他成为另一个女人的情人……

莱尼（Léni）是弗兰茨乱伦的妹妹，她有点儿太爱自己的哥哥了。

进退两难

事实上，在激烈的东线战役期间，弗兰茨曾严刑拷打苏联的游击队员。现在，摇摆不定的他不知道应该坚持自己无罪，还是声称这是必要的。

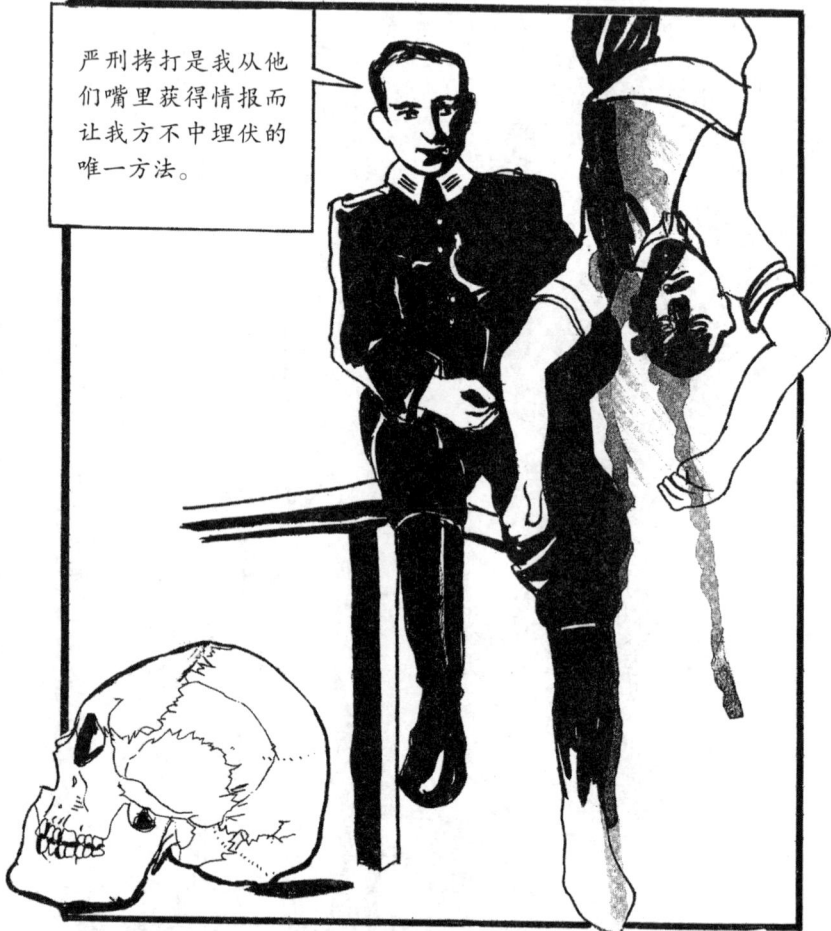

> 严刑拷打是我从他们嘴里获得情报而让我方不中埋伏的唯一方法。

对 1959 年的观众们来说，他的辩护听起来和世界各地的人为斯大林主义暴行所做的辩护一样。他们要么把报道的罪行称作"资产阶级媒体的发明"，要么宣称暴力是所有革命的一部分——"你不能指望做蛋饼却不打碎鸡蛋"。

当弗兰茨最后意识到战败对德国来说是一件好事，而他施加的酷刑没有起到任何有益的作用，反而延迟了纳粹德国的失败时，他决定和父亲一同自杀。他们驾驶一辆保时捷朝一个被称为"鬼桥"的危险转角开去。临行前他留下录音机给莱尼，里面录有他最后也是最好的演讲。

野兽隐藏着，突然间，在我们同类的眼睛深处，我们看到了它的目光，于是我们大打出手——所谓的"正当"防卫。我意外瞥见了这只野兽，我搏斗了一阵，结果倒下的是另一个人。在他就要死去的眼睛里，我看见了野兽。活着的野兽，就是我。一加一等于一。

"螃蟹法庭"

和弗兰茨的其他演讲一样，这篇演讲指向未来。"螃蟹法庭"被设想为将在 30 世纪仅存的生物物种，它们令人费解的外形是一个隐喻，象征未来的行为评价标准将同样难以预测和理解。

> 弗兰茨最终意识到，在后世眼里，他企图辩护的行为——不仅是为自身的罪行，而且是为 20 世纪特有的血腥历史辩护——根本毫无意义。

萨特想要表明的是，弗兰茨的自我辩护和那些法属阿尔及利亚支持者的态度如出一辙。*L'Algérie, c'est la France*，也就是说，阿尔及利亚是法国不可分割的一部分。

失去这样一片广大的国土会给法国带来灾难性的影响，以至于所有避免它的方式（包括酷刑），都是正义的。

事实上，法国正在一场绝不可能赢的战争上浪费巨大的财富。

因此，放弃阿尔及利亚会成为法国的一桩幸事，就像希特勒的失败对德国来说是一桩幸事一样。

辩证理性批判

除了反对阿尔及利亚战争，《阿尔托纳的隐居者》还在别的主题上与萨特的其他作品相关联。与它同时期创作的还有《辩证理性批判》（1960年），一部和《存在与虚无》有着相同厚度和雄心的哲学、政治学著作。这本书超越了萨特一开始想要调和马克思主义和存在主义的目标，最终成为对政治哲学、道德哲学领域中两个重要问题的研究。

第二，在一个人类不断受到"实践惰性"（practico-inert）威胁的世界里，人的自由会变成什么？其中，"实践惰性"是一个萨特发明的术语，它是对马克思"异化"概念的新发展。

实践惰性

在解释实践惰性这一概念时，萨特举了中国农民的例子。

西方文明里有一个更直接的例子：由于汽车的普及，司机陷入一系列交通拥堵，尽管汽车发明的初衷是让人们更自由地行动。在所有社会形态里，人类越来越多且显然无法避免地成为自己所创造之物的囚徒。

资本主义、殖民主义和暴力

在《阿尔托纳的隐居者》和《辩证理性批判》中，与资本主义和殖民主义相关的现象给实践惰性提供了最突出和最致命的例子。正如弗兰茨·冯·格拉赫的父亲被他事业上的成功控制一样，法国的阿尔及利亚殖民地也扮演着相同的角色。

对19世纪的殖民者来说，它本是一场回报极其丰厚的冒险，但现在则成了20世纪法国的沉重负担。

《辩证理性批判》没有对实践惰性问题给出任何解决方案。这个概念被一些较平庸的思想家理解为由人类行为导致的不受欢迎的、无意识的后果。萨特没有说过，社会主义的出现会终结这一必然的历史规律。《辩证理性批评》的另一个主题是暴力的普遍性，它为《阿尔托纳的隐居者》贯穿始终的历史悲剧观提供了其他解释。所有人的关系，特别是群体之间的人的关系，都具有**匮乏**（scarcity）的特点。

> 它通常表现为缺少足够的食物、衣服或金钱来满足每个人的需要。不过，它也同样存在于繁荣或表面上繁荣的社会中。

在我们的社会里，对厂商来说，它表现为当经济机器生产出过量商品时顾客的匮乏，以及由此引发的某些经济部门中的工人失业的风险。

酷刑问题

个人之间的冲突是萨特《存在与虚无》和他其余许多作品的重要主题。现在,群体之间的关系给萨特对人类境遇的分析增加了一条注释,而**托马斯·霍布斯**(Thomas Hobbes,1588—1679)《利维坦》(*Leviathan*,1651年)的读者们将对这条注释感到熟悉。萨特的论点是,任何时候人都像狼一样对待他人。这充分体现了萨特作品的独特特点:一方面,他是一位进步的甚至乐观的思想家,敦促人们相信人都是自由的,而且能够创造一个自由的社会……

另一方面,我对任何一个社会问题被解决的可能性都感到悲观……

就像我对人们作为群体和谐相处或是作为个体快乐生活的可能性感到悲观一样。

这是《辩证理性批判》里的一个观点，每当我们看见另一个人的时候，他对我们来说都表现为潜在的对手和敌人，而从来不是一个朋友。这一观点在弗兰茨·冯·格拉赫，也就是那个酷刑实施者的结尾独白中反复出现。

> 幸福的千秋万代啊，你对我们的憎恨一无所知，又如何能理解我们致命的爱所具有的骇人力量？一加一等于一，这就是我们全部的历史。

弗兰茨试图摧毁他同类的方式是酷刑，一种被他定义为其目标是"把人活活变为虫"的行动。

酷刑在法国军队镇压阿尔及利亚民族独立运动时被广泛使用。和弗兰茨一样，法国当局发表的官方声明也提供了两种相互矛盾的解释。

1962 年，通过秘密武装组织（Organisation de l'Armée Secrète）实施恐怖主义行为，反对阿尔及利亚独立的那些人，不仅把枪瞄准了阿尔及利亚人，还对准了法国人。和弗兰茨一样，法属阿尔及利亚的支持者在幻想中一直坚持到最后，并努力把法国和失败的他们一起拉下水。

至于萨特为什么对酷刑如此感兴趣，这有着历史和哲学的双重原因。第二次世界大战期间，法国在 1940—1944 年间被德国占领。在当时的法国警察的协助和教唆下，盖世太保使用了大量的酷刑来镇压抵抗运动。1945 年法国解放后不久，萨特在一篇文章中解释了这一点，即酷刑是如何使所有参与这场运动的人（包括他自己）不断地问自己：

如果被拷打的是我，我会怎么做？

在法语里，"问题"这个词同时还有拷问机构的意思。1958 年，一位支持阿尔及利亚独立的共产党员亨利·阿莱格（Henri Alleg）出版了一本名为《问题》（*La Question*）的书。在这个标题里，就有一个既无法避免，又恰当得可怕的双关。萨特为它写了一篇题为"一场胜利"的序言。

1957 年，我被法国伞兵俘虏并被施以电刑。这是他们惯常使用的拷问方法。

他没有泄密，而且奇迹般的活了下来，甚至后来有机会逃走。

阿莱格没有泄密这一事实（或者至少和那些被弗兰茨折磨的游击队队员表现得一样勇敢坚定），提供了一个几乎是教科书式的例证，用以说明《存在与虚无》中提出的人类自由的本质和它能够达到的程度的主张。

甚至一个被施以酷刑的人仍是自由的，只要他在心里仍保留自我决定的自由，自行决定什么样的疼痛是他忍受的极限。

在这里，萨特的思想有着明显的连续性，它超越了50年代和60年代萨特在表述人类自由本质时的明显转变。屈服于你的身体，屈服于你对死亡和痛苦的生理恐惧，像加尔桑在《禁闭》里做的一样，这是自欺的最高形式。但是，去反抗，像阿莱格做的一样，则是人类自由的顶峰。

圣热内

然而从 1952 年起，萨特似乎改变了自己对人类自由的看法。这一年，他不仅对马克思主义的决定论哲学表现出更多支持，而且发表了他在存在主义精神分析学上的第二次尝试——《圣热内，喜剧演员和殉道者》(*Saint Genet, Comedian and Martyr*，简称《圣热内》)。

1942 年，**让·热内**(Jean Genet，1910—1986)因其半公开发行的第一本小说《鲜花圣母》(*Our Lady of the Flowers*)而一举成名。

> 我在监狱里写了它，并在监狱里度过了我的大半生。

第一眼看去，这本书好像不仅在标榜同性恋，而且还在赞美偷窃、背叛以及对邪恶的蓄意追求。

部分归功于**让·科克托**（Jean Cocteau，1889—1963）的调解，热内最终被释放，并在 40 年代中期成了萨特朋友圈的一员。

> 他蔑视一切资产阶级社会准则的态度，给我留下了深刻的印象，我要把 1947 年我写的关于波德莱尔的文章献给他。

1952 年，萨特对热内的长篇研究正式成为《热内全集》第一卷的一部分，这部全集由萨特的出版商加斯东·伽利马负责出版。

八个月还是八岁？

　　没有人清楚热内的父亲是谁。1910年9月10日，他的母亲，未婚的加布丽埃勒·热内在一家巴黎医院的公共病房生下了他，随后立即把他交给了公共福利机构。

在我八个月大的时候，夏尔·雷尼耶和欧仁·雷尼耶（Charles & Eugénie Régnier）收养了我，他们住在巴黎东南部的莫尔旺乡村。

　　可能是热内故意误导了萨特，也可能是萨特自己急于阐明存在主义精神分析的基本假设而听错了热内的话，在《圣热内》这本书里，萨特写道，热内在八岁的时候被收养。

萨特也歪曲了雷尼耶一家人的性格和职业，把他们描述为野蛮、贪财的农民。事实上，夏尔·雷尼耶是一个技艺精湛的工匠，他和妻子都非常喜爱孩子。此外，或许因为热内给自己编造了一些神话，萨特还形容他在社会中感到了深深的孤立——除了他，所有人都被他们拥有的东西所定义。

根据萨特在《圣热内》中的描述，这导致了一场在乡村广场上举行的"仪式"。

没有其他文字记述这场仪式，在热内自己的作品中也没有提及。

然而，对萨特在《圣热内》中的主要结论来说，这场仪式却必不可少。

在那一刻，热内决定主动接受社会强加给他的身份——一个小偷和作恶者。

也就是说，他做了和波德莱尔一样的存在主义式选择。尽管在萨特看来，热内对社会的蔑视要比波德莱尔更加诚实、本真。

《圣热内》是一本比《波德莱尔》更难读的书。当萨特写八岁的热内选择了一个"最差"但也"别无选择"的选择时，萨特本人的态度显得含混不清。根据萨特对热内童年的描述，考虑到社会针对热内的态度和他所处的难以忍受的环境，"别无选择"的表述确实无可挑剔。事实上，《圣热内》一书的部分观点是，资本主义社会本质上是**引人犯罪的**。

萨特的论文一直是研究热内小说和戏剧的起点。在萨特所有出版了的知识分子的传记中，这本也是《波德莱尔》和《文字生涯》之间的一个过渡。《文字生涯》也讲述了一个孩子如何被他的出身和成长环境置于一个难以忍受的境地，但它和《圣热内》之间有着明显且关键的差别。

我钦佩热内选择成为一名罪犯，并且把犯罪和同性恋写下来……

但我对作为一个孩子的自己只有厌恶，并且后悔选择成为一名作家。

文字生涯：一个作家的失败

在阿尔及利亚战争结束一年后，《文字生涯》于 1963 年出版。事实上，两者并没有直接的联系，这更多是时间上的巧合，而非刻意为之。从 1953 年起，萨特就在写作这部作品，但由于它过于悲观，萨特推迟了它的出版时间。

> 人们没必要羞辱一个碰巧写作的人。

因为这正是《文字生涯》所要做的——自始至终把萨特的文学事业看作一个错误，他为接受了一个如此无用的职业请求宽恕，甚至没有丝毫的辩护。人们几乎没法想象它的初稿会是怎样的！

萨特用于评价自己事业的标准有点奇怪。1964 年 4 月，萨特在接受《世界报》雅克利娜·皮亚捷的采访时说，"《恶心》不可能比一个垂死的孩子更加重要"。他不仅留给外界低估了自己成就的印象，而且错误地理解了写作的意义。写作的直接任务并不是减少世界饥荒，这是农民、农业经济学家和商人的工作，而不属于作家。那些萨特支持的国家——中国、古巴和阿尔及利亚——都在试图解决贫穷的诅咒。

在这种情况下，萨特努力帮助他们打好这场正义的战争，这难道不令人钦佩吗？

毕竟，从 1945 年起萨特发现了阶级斗争的现实以后，他的大多数作品都在力图打乱资本主义世界的秩序，而这种秩序被他视作饥荒、剥削和压迫的起源。他的作品或许没有成功，但他至少不会责备自己没有尝试。

拒绝接受诺贝尔奖

然而，正是这种对自身职业的幻灭使得萨特成为第一位也是迄今为止唯一一位主动拒绝接受诺贝尔文学奖的作家。他在 1964 年 10 月拒绝了颁发给他的奖项，理由是……

诺贝尔

> 诺贝尔奖是一个官方机构对文学价值的认可，其主要关切是维护资产阶级的价值观。

萨特的崇拜者们仍坚持认为，这就是为什么诺贝尔奖被给予阿尔贝·加缪，而不是安德烈·马尔罗（André Malraux），被给予阿纳托尔·法朗士（Anatole France），而不是马塞尔·普鲁斯特（Marcel Proust），被给予弗朗索瓦·莫里亚克（François Mauriac），而不是格雷厄姆·格林（Graham Greene）。诺贝尔奖的获得者总是谨慎、保守，是"非政治的"。萨特本人曾说，如果他在阿尔及利亚战争期间被授予诺贝尔奖，他就会接受。

它本会成为一个信号，支持我对法属阿尔及利亚政策的反抗。

但现在战争结束了，太迟了。

两种对立的文学观

对文学的强烈的幻灭感构成了《文字生涯》的主题，不过，还有其他原因促成了这一幻灭。如果我们相信萨特的话，首先源于他外祖父施韦策在萨特童年时灌输的文学理念。

文学写作是一项带有神圣色彩的活动，它能够代替被科学进步摧毁的严肃宗教信仰。

在 19 世纪晚期和 20 世纪初期的法国，这是一种很普遍的观点……

介入的文学

如果把《恶心》当作自传来读，书中的罗冈丹认为通过写作可以获得某些近乎救世的东西，那么以这种"救世主义"的视角来解释就够了。

如果这真的是萨特在 1938 年写作《恶心》时信仰的，那么他在《什么是文学？》（1947 年）里提出的观点就不仅是对同时代人的攻击。

> 它主要是自我批评。

萨特大力宣扬文学应该实现介入社会的功用，其实是为了说明过去他支持文学"神圣观"是多么错误。

但到了 1963 年，正如《文字生涯》的结尾揭示的，萨特已经不再相信介入的文学能够发挥作用了。

很长一段时间，我都把自己的笔看作一把剑。现在我才意识到我们有多无力。

对于把全部写作事业看作错误的萨特来说，现在文学所能提供的，是让一个人自"一面碎镜子里"注视自己的机会。

然而，并不只是因为萨特拒绝了两个主要的文学理念，《文字生涯》才表现为一个如此有趣的文本，在他对自己悲惨童年的解释里……

还有为什么我会对夏尔·施韦策的观点如此敏感、脆弱……

你几乎拒绝了整个被存在主义哲学传统视为基础的世界观。

什么是存在主义的"传统"？

第一批存在主义者

　　存在主义的基本要义是，人类生存的真实情况会在痛苦或恐惧时显现出来。如果遭遇这一切的是一个孤独、不同寻常的人，那么这种揭示就会更加真实，比如**费奥多尔·陀思妥耶夫斯基**（Feodor Dostoievski，1821—1881）笔下的"地下室人"，**弗兰茨·卡夫卡**（Franz Kafka，1883—1924）小说里迷惘、恐惧的主人公，或是被 17 世纪法国神学家、哲学家和数学家**布莱士·帕斯卡尔**（Blaise Pascal，1623—1662）以及 19 世纪神学家**索伦·克尔恺郭尔**（Søren Kierkegaard，1813—1855）树为典范的基督徒。

这些思想家都认定焦虑、恐惧和孤独是人的自然状态，而且都认为任何试图摆脱它们的人都陷入了"自欺"。我们可以在《恶心》中罗冈丹参观布维尔市美术馆的篇章里看到对这一观点的强烈回应。

你凭什么确信你有权利存在，而且手握资产阶级的特权？

与之相似，《存在与虚无》中也有一个观点，对人类境况的分析起到了基础性作用——想要融入同时代的社会，总会带来些问题。

排除在外

　　但在《文字生涯》里，所有这一切都变了。书中最触动人的一个场景描述了每个下午萨特被母亲带去卢森堡公园的经历。在那里，当其他孩子在游戏中奔跑时，萨特和他的母亲总会被他们忽略，只能在一簇又一簇的人之间徘徊。

対于那些想要书写人类真实境况的人来说，它会成为一段天然的、合意的学习经历。

但《文字生涯》里描述它的篇章却留给人完全不同的印象。

我不想成为一个孤独、缺少父爱的孩子，哪怕知道他最后会成为一名伟大的作家和著名的哲学家。

真正让小萨特感到幸福的是成为一个充满活力的大家庭的一员，由一位有着岩石般坚毅品格的父亲管教，从很小的时候起就不得不在小学生活和儿童游戏的打闹里，学会与他人平等地交往。

1968 年的运动

对萨特以及和他一样的左翼人士来说，1968 年春夏有过一个短暂的乐观时期。他全力支持 1968 年 5 月在巴黎发生的学生运动。1969 年，在运动失败以后，萨特在一本名为《共产党人害怕革命》(*The Communists are Afraid of the Revolution*) 的小册子上署名，指责法共故意背叛学生们创造的有关一场真正的新革命的希望。

1968 年学生运动的失败，使萨特进入一个政治观点越来越激进的时期。

出于对所谓理性政治的绝望，他开始支持欧洲的毛主义运动。1973年，他公开抗议德国囚禁城市恐怖分子巴德尔（Baader）和迈因霍夫（Meinhoff）团伙。

他们应该被看作对现代资本主义社会进行正义反抗的革命者，而不是一般的罪犯，尽管他们确实采取了某些错误的方式。

无政府主义者

街头的伏尔泰

　　萨特还积极地为极左派刊印的一系列报纸辩护，比如深受毛主义启发的《人民事业报》(*La Cause du peuple*)。他在 1970 年以明显的赞同口吻写道："对毛主义来说，无论革命暴力从何处发起，它都是道德的，而且直接、深刻地属于道德。因为对工人来说，过去他们一直是资本主义专制的受害者，而现在，他们成了自己历史的主体和推动者，哪怕只有一瞬。"

　　1970 年 6 月，这一报纸被官方禁止。

西蒙娜和我都因为在街上卖报而被短暂拘留过。

由于戴高乐本人的意见，萨特没有被送进监狱。

你不该对伏尔泰做这样的事！

萨特继续以一种不太引起争议的方式为法国的知识生活做贡献。他不仅通过自己的书和戏剧，而且通过评论月刊《现代》来施加影响，并在1973年帮助创办了杰出的左翼日报《解放报》（*Libération*），暂时担任主编。但在他生命的最后十年，在重病缠身的日子里，发生了一系列矛盾的事情。

　　首先是萨特将自己的精力分配在两件事上：一方面支持法国极其激烈的革命运动，另一方面写作他关于存在主义精神分析的第四部作品，一部研究**古斯塔夫·福楼拜**（Gustave Flaubert，1821—1880）的著作。1971年，这部冗长且极其晦涩的书以《家庭白痴》（*The Family Idiot*）为题出版了第一部分。

福楼拜有什么特别之处？

即使在萨特最狂热的崇拜者中，也很难找到一个人真正读完了这本著作的前三卷——它大约由 3000 页紧密排版的文字所组成。它的第四卷是对福楼拜伟大小说《包法利夫人》（*Madame Bovary*）的细致分析，但却从未完成。

我在 1979 年说过，从纯文学的角度来看，这本书和《恶心》是我最好的作品。

与其说是这本书本身的优点，倒不如说是福楼拜在萨特文学思想中扮演的角色，使得我们可以理解上述评价。

在《文字生涯》里，福楼拜被描述为年轻时的萨特最喜爱的作家之一。

正是因为福楼拜对现代世界的厌恶，以及对"为艺术而生活"这一教义的信仰，夏尔·施韦策才得出了"文学作为形而上学的救赎"的结论。

通过对福楼拜的评论，《什么是文学？》才能被视为一种对童年时被强加到萨特身上的文学观的质疑。

1871 年公社

　　对《什么是文学？》中支持政治介入的讨论来说，最核心的是这样一个观点，即作者不仅要对其作品可能产生的影响负责，而且要为他一生中发生的社会、政治事件负责（尽管乍一看后者和作家本人可能没什么关系）。对萨特来说，19 世纪法国历史里最重要的事件之一，是 1871 年公社革命失败以后法国政府军对两万多名巴黎市民的屠杀。正是这一事件使得萨特对福楼拜和**龚古尔**兄弟——埃德蒙·龚古尔（Edmond Goncourt，1822—1896）和茹尔·龚古尔（Jules Goncourt，1830—1870），现实主义小说家和艺术批评家——提出了严厉的谴责。

我认为他们要为镇压公社后的大屠杀负责，因为他们没有采取任何行动来阻止它……

大屠杀事件的发生和当时作家们的选择，其实蕴含着非常深刻的意味。对公社的镇压直接把矛头指向了巴黎的工人阶级，而福楼拜和龚古尔兄弟都是典型的资产阶级，事实上，正是资产阶级的代表们在组织和支持这场屠杀。

家庭白痴

然而，《家庭白痴》对福楼拜表现出不同的态度。他不再是萨特憎恶的资产阶级的典型代表（如萨特在 1952 年所说，这种憎恶只有在他死后才会结束），而是一位被仔细考察的作家，其详细程度将远远超过波德莱尔、热内和萨特自己。此外，不同于波德莱尔，福楼拜被给予更多的同情，而他的终身事业和性格同样被他七岁至九岁时的选择所决定。

作为一个孩子，我常常看我的父亲在解剖……

这里当然有区别：萨特、波德莱尔和热内都是独生子女，而福楼拜有一个哥哥阿希尔（Achille），阿希尔的聪明才智足以使他成为一名和父亲一样出色的医生。

哥哥的成功最终断绝了我成为医生的任何可能。

他的母亲一直想要一个女儿，古斯塔夫也不被她宠爱。

更糟糕的是，古斯塔夫并不怎么聪明。

文字，文字，文字……

根据萨特的分析，一直到七岁，福楼拜还不识字。

如萨特 1963 年自传的标题和内容标示的，他们两个都对语言着迷，而且都试图通过写作来理解自己的经验。

尽管很多情况都有所不同，但和萨特一样，福楼拜也认为自己选择写作是一种失败。

> 我转向写作，因为我没有年纪相仿的朋友，没有父亲带给我安全感，没有别的事可做。

> 你选择写作，因为其他家庭成员让你觉得自己做别的任何事都很愚蠢。

与福楼拜不同，萨特不仅是个聪明的小男孩，而且受到各方面的鼓励，要求他发展自己的才能。而福楼拜——用十几个字来概括萨特这本超过100万字的作品的话——从九岁开始写作，因为他七岁的时候还不识字。

作为一项革命活动的写作

他们两人在转向写作的过程中都表现出与自己所属阶级的矛盾。福楼拜还没有充分意识到这一点，而萨特则十分清楚他的人生目标就是摧毁资产阶级文明。我们看到，在这方面萨特只取得了部分的胜利。至于他生命的最后几年是否应该被理解为致力于两种完全不同的活动，这仍然是悬而未解的。

如果阅读得足够仔细，我们会看到《家庭白痴》确实在为革命活动做贡献。

福楼拜作品的真正意义，是对 19 世纪法国资产阶级的各种矛盾的诊断，尽管他自己并未意识到这一点。

但这确实需要花费大量时间来阅读这本书，甚至要花更多时间揣摩萨特没有在书中写出来的言外之意，才能看到福楼拜作品同萨特思想之间的关联，而后者试图通过支持法国的毛主义运动来推翻资产阶级、资本主义。

偶像萨特

这确实是萨特生命最后十年里的一个怪现象：他出版的书越少、越难读到，他的名声越大、越受人钦慕，特别是在年轻人当中。另一方面，他总是被某些超越他自己的实际作品的政治、哲学态度视为名义上的代言人。让我们提醒自己"萨特热"有哪些阶段吧。

20世纪30年代后期的《恶心》《墙》和1943年的《存在与虚无》，代表了第二次世界大战和法国被占领之前的形而上学层面的绝望。

40年代中期，他显现了抵抗运动的希望。

40年代末和50年代，他反思了对共产主义的辩论。

60年代和70年代，他提出第三世界对西方帝国主义的反叛是完全正义的。

整个70年代，他继续主张推翻资本主义和资产阶级统治，并把它视为1968年"五月风暴"的起点。正如当时的巴黎人所说，"宁愿跟着萨特犯错，也不想和阿隆一道正确"，他的言行被广泛推崇。

萨特之死

　　西蒙娜·德·波伏娃曾预言，萨特将永远不会离开自己的生活，这一点在最后成为事实。在她自传的最后一卷《告别：向萨特辞行》（*Adieux.A Farewell to Satre*，1986 年）中，最感人的篇章之一是对 1980 年 4 月 15 日萨特在医院逝世的情形的描述。

我在死去的他身边躺了一会儿，知道我们永远不会再见面。

作为一名革命事业的领袖，萨特的葬礼是对他个人成就的一次检验：
1980 年 4 月 19 日，超过五万人参加了萨特的送葬队伍，将他的灵柩送往
蒙帕纳斯公墓。

萨特去世后，在众多致敬萨特的献词中，有一篇来自**吉斯卡尔·德斯坦**（Valréy Giscard d'Estaing，1926—2020）。在德斯坦就任法国第五共和国总统的第六年，他把萨特描述为"人类智慧的一盏明灯"。我们很可以怀疑，萨特是否会在类似的情形下慷慨地向德斯坦致敬——不过，这揭示了萨特生活、工作和思想中的最后一个悖论。

他曾以雄辩的口才和坚定的信仰，赞扬思想和政治自由。

延伸阅读

萨特和西蒙娜·德·波伏娃

这是一个悖论：萨特的一生都和这位 20 世纪法国最著名的女性主义者交织在一起，但这却没有阻止萨特这样一个充满创造力的作家变成一位讨人厌的大男子主义者（法语：*un affreux phallocrate*）。

简单回顾他小说中的女性形象可以证明这一点：《不惑之年》（*L'Age de raison*）中的玛塞勒（Marcelle）有着依恋的、蚂蟥般的被动性；《禁闭》中的伊纳是一个彻头彻尾的妓女，而埃斯特勒则是一个女杀婴犯；莱尼在《阿尔托纳的隐居者》中是个乱伦的妹妹；《魔鬼与上帝》中的希尔达（Hilda）神圣而专横，具有女童子军领袖的潜力；杰西卡在《肮脏的手》中严正抗议男人仅仅把自己当作一件物品，但她在戏剧里的主要作用仍是给雨果一个射杀贺德雷的理由。

萨特唯一讨论过的女作家是娜塔莉·萨罗特（Nathalie Sarraute），讨论的也只有她的一部小说《陌生人的画像》（*Portrait d'un inconnu*）。没有一个女性构成他存在主义精神分析的研究主体。萨特和弗洛伊德一样对女孩如何处理某种与俄狄浦斯情结类似的心理状况不感兴趣。他研究乔治·巴塔耶（Georges Bataille）、莫里斯·布朗肖（Maurice Blanchot）、阿尔贝·加缪，研究多斯·帕索斯（John Dos Passos）、威廉·福克纳（William Faulkner）、安德烈·纪德（André Gide）和保罗·尼赞，但却从来没有在文论中深度研究任何一位女性。同样，他没有一次在女性权利问题上表明立场，也没有支持过有关控制生育和堕胎的运动。

虽然波伏娃的某些观点确实也能在萨特的作品中找到，但她绝不是萨特思想的传声筒。两本研究波伏娃最好的书分别是迪尔德丽·布莱尔（Deirdre Blair）的《波伏娃传》（*Simone de Beauvoir*: *A Biography* [Cape, London 1990]）和托莉·莫伊（Toril Moy）的《波伏娃：一位知识女性的成长》（*Simone de Beauvoir: The Making of an Intellectual Woman* [Blackwell, Oxford 1994]）。托莉·莫伊还引用了安吉拉·卡特（Angela Carter）在 1981 年的一句话："每一位西方世界的思想女性肯定都问过自己这样一个问题，为什么一个像波伏娃这样美好的女孩会去讨好让－保罗·萨特这样一个无聊的令人生厌的老男人。"

萨特重要作品

研读萨特小说和短篇故事的最佳材料是 1981 年的法国七星文库本（*Pléiade edition*）；同时，萨特小说和戏剧的法文、英文和中文平装本也可以方便地找到。

L'Imaginaire（《想象心理学》，1940）在 1949 年被 Bernard Frechtman 译为英文 *The Psychology of the Imagination*，New York Philosophical Library 出版；这本书也被褚朔维译成中文，光明日报出版社 1988 年出版。*L'Etre et le Néant*（《存在与虚无》，1943）的英文版 *Being and Nothingness* 也在 1956 年被 Hazel Barnes 译完，由 New York Philosophical Library 出版；中文版由陈宣良等翻译，生活·读书·新知三联书店 1987 年出版。1947 年 Martin Turnell 完成了 *Baudelaire*（《波德莱尔》，1946）的翻译，分别由 Horizon Press 和 New Directions 在伦敦、纽约出版；中文译本由施康强完成，北京燕山出版社 2006 年出版。1963 年，Bernard Frechtman 继续翻译了 *Saint Genet, comédien et martyr*（《圣热内，喜剧演员和殉道者》，1952），英文版 *Saint Genet, Comedian and Martyr* 分别由 W.H. Allen 和 G. Braziller 在伦敦、纽约出版。*Les Mots*（《文字生涯》，1963）在 1964 年被 Irène Cléphane 翻译，英文版 *Words* 随后在伦敦由 Hamish Hamilton 出版；美国版的翻译由 Bernard Frechtman 完成，并在纽约由 G. Braziller 出版；中文版由沈志明译出，人民文学出版社 1988 年出版。1976 年，Alan Sheridan-Smith 翻译了 *La Critique de la raison dialectique*（《辩证理性批判》，1960），英文版 *The Critique of Dialectical Reason* 在伦敦由 New Left Books 出版；中文版由林骧华等翻译，由安徽文艺出版社于 1998 年出版。*L'Idiot de la Famille*（《家庭白痴》）的前三卷则在 1982 年被 C. Codman 译为 *The Family Idiot*，并由 University of Chicago Press 出版。

传记和参考书目

书目信息可参阅 Kenneth 和 Margaret Thompson 撰写的 *Sartre: Life and Works*（Facts on File Publications, New York and Bicester, 1984），以及 Contat 和 Rybalka 撰写的 *The Writings of Jean-Paul Sartre*（volumes I and II, Northwestern University Press, Evanston, 1974）。此外，Andrew Dobson 的 *Jean-Paul Sartre and the Politics of Reason: A Theory of History*（Cambridge University Press, 1993）会是一本富有挑战性的书，它同时囊括大量评论萨特作品的文献信息。

Annie Cohen-Solal 的 *Sartre: A Life*（Heinemann, London, 1987）是研究萨特生平最好的材料。Cohen-Solal 给出了萨特和波伏娃与他人绯闻的大量细节。这在迪尔德丽·布莱尔和托莉·莫伊对波伏娃的传记中也有提及。她们列出了牵涉其中的人物的名字。

未完成作品

萨特留下了大量未完成的作品。他的系列小说《自由之路》（*Les Chemins de la liberté*）并未完成，包括《不惑之年》、《缓期执行》（*Le Sursis*）和《痛心疾首》（*La Mort dans l'âme*）三部。其中，第四部也是最后一部《最后一击》（*La Dernière chance*）的节选曾于 1949 年在《现代》杂志上发表。我在 *Jean-Paul Sartre*（Macmillan Modern Novelists series, Macmillan, London, 1993）中对《最后一击》里发生的事件做了概括——和对萨特所有其他小说的情节一样处理。

萨特没有写完《家庭白痴》，也没有写完《共产党人与和平》、《辩证理性批判》（1960）和研究丁托列托（Tintoretto）的文集《威尼斯的流浪汉》（*Le Prisonnier de Venise*, 1957, 参见《情境 7》[Situations VII]）。其中，政治论文《共产党人与和平》的第一部分于 1952 年 7 月在《现代》杂志发表。他也从来没有出版他在 1943 年《存在与虚无》的结尾承诺的伦理学论著，留给后人的是他在 1939 年至 1940 年写作的《伦理学笔记》（*Cahiers pour une morale*），该书在他死后三年，也就是 1983 年出版。

尽管萨特的作品多被译者精心地翻译，但在从法文译为英文时，某些作品的标题仍显得有些古怪。"l'age de raison"是萨特系列小说《自由之路》第一卷的标题，它在法语里的意思和英语翻译"The Age of Reason"（有的中译本译作《理智之年》，而非《不惑之年》）并不相同。后者通常在法语里指"le siecle des lumieres"，即 18 世纪的启蒙主义时代，而法语"l'age de raison"则指八九岁这一年龄阶段。在这一年龄，孩童被认为有能力区分善恶好坏，因此在罗马天主教里，八九岁的孩子可以第一次领圣餐。我们会注意到，这也是萨特存在主义精神分析学论文里的关键年龄，在这一年龄，孩子们将做出影响自己一生的重要选择。考虑到《自由之路》的主要情节是主人公马休·德拉律根本没法下决心做任何决定，特别是对到底该让情人玛塞勒堕胎还是娶她为妻犹豫不决，这一标题就显得尤为讽刺。马休，这一小说中三十五岁左右的男人，是一个还未成熟就变老了的人。

《自由之路》系列的第二卷《缓期执行》描述了 1938 年 9 月慕尼黑危机期间的欧洲气氛。它的英文标题"the reprieve"表示这场危机不会像缓刑这样以一种永久的形式而告终,而法语"un sursis"意为缓期执行,表示它会被延缓执行,即这场战争只是被延迟了,并且暗示它会在 1939 年 9 月最终爆发。

有一句英语谚语,只有家里的傻子才被送进教堂。这就是标题"家庭白痴"暗示的,福楼拜选择文学作为一份神圣的职业,是因为他不会做任何别的事。正如一个英国家庭的小儿子,因为长子继承制无法继承家庭的财产,又不够聪明,不能去学习医学和法律,也不够勇敢,不能去军队当兵,所以只能去教堂做一名牧师。

致谢

霍华德·里德(Howard Read)向鲁珀特(Rupert)和海伦娜(Helena)、凯夫(Kev)和艾莉森(Alison)、吉尔·艾迪生(Gill Addison)、安·库尔斯(Ann Course)和卡特里娜·布兰宁(Katrina Blannin)表示感谢。

索引

abortion 堕胎 70

absurdity 荒诞 45, 59

acts 戏剧，参见 deeds 行为

adopted behavior 采取行动，参见 emotions 情绪

Aeschylus, play adapted from 戏剧改编自埃斯库罗斯 47

Algeria 阿尔及利亚 117

    Nobel Prize, view on 对诺贝尔奖的看法 139

    war 阿尔及利亚战争 109—111, 124

Alleg, Henri 阿莱格，亨利 126—127

Altona《阿尔托纳》112—118

    同时参见 practico-inert 实践惰性

anguish 痛苦 20

animals 动物

    essence of 动物的本质 29

    Sartre's dismissal of 萨特对动物的忽视 54

anti-Communist press 反共媒体 105

anti-semitism 反犹主义 39—41

Aron, Raymond 阿隆，雷蒙 11

atheism 无神论 23

Aupick, General 奥皮克将军 73

autobiography 自传

    Sartre 萨特自传，参见 *Words*《文字生涯》

    Simone de Beauvoir 西蒙娜·德·波伏娃自传 9, 162

Baader-Meinhoff gang 巴德尔和迈因霍夫团伙 149

bad faith 自欺 32, 71, 145

Baudelaire 波德莱尔 81

Bariona《巴里奥纳》43—44

Barthes, Roland 巴特，罗兰 3

Baudelaire (a study)《波德莱尔》（一本研究著作）71—76, 79, 156—157

Beauvoir, Simone de 波伏娃，西蒙娜·德 8—9

    on abortion 论堕胎 70

    autobiography 波伏娃的自传 162

    on Sartre's death 论萨特之死 162

    vocabulary 特殊术语 68

Being and Nothingness《存在与虚无》36, 44, 53, 79

    being vs. doing 存在 vs. 行动 57—58

    compared with *Kean* 与《凯恩》相比 105

    on freedom 论自由 127

    integration into society 融入社会 145

    metaphysical despair 形而上学层面的绝望 161

    "playing" ourselves "扮演" 我们自己 55

    technical vocabulary 专业术语 53

Being and Time《存在与时间》58

blame, absolving ourselves from 使我们自己免遭指责 81

bourgeoisie 资产阶级，161

    hatred of 对资产阶级的怨恨 22

    values 资产阶级的价值观 37

Camus, Albert and absurdity 加缪，阿尔贝和荒诞 45

capitalism 资本主义 12, 137, 160, 161

    criminogenic society 引人犯罪的社会 134

    Sartre's rejection of 萨特反对资本主义 13, 82

Cause du peuple, La《人民事业报》150

change 变化 54

chauvinism 大男子主义 69

Chemins de la liberté，参见 *Paths to Freedom*《自由之路》

"Childhood of a Leader"《一个领袖的童年》38, 52

Children 儿童

    bringing up 抚养儿童 70

    development of 儿童的发展 71

choice 选择，参见 free will 自由意志

Christ 基督 24

    King Herod 希律王 44

Christian belief 基督教信仰 21

Citizen Kane《公民凯恩》67

Cocteau, Jean 科克托，让 129

Cold War "冷战" 87, 95

    and the USA "冷战" 和美国 101

"Colonialisme est un système"《殖民主义是一个体系》109

colonies, concern for 对殖民问题的关注 107

committed writer 介入的作家 76, 141—142

Commune (1871) 1871 年公社 154—155

Communism 共产主义 84—95, 161

    attack on 对共产主义的攻击 95

    failed demonstration 失败的游行 97

    and freedom 共产主义和自由 87

    and French working class 共产主义和法国工人阶级 98—99

    reform 共产主义改革 103

Communists are Afraid of the Revolution, The《共产党人害怕革命》148

"Communists and Peace, The"《共产党人与和平》99

conflict 冲突 61

consciousness 意识，参见 mind in command 施发号令的意识；self-awareness 自我意识

contingent love 偶然的爱 68

Crime Passionnel《情杀》85

criminogenic society 引人犯罪的社会 134

Crispin 克里斯平，参见 Lucienne in "Intimité"《亲密》中的吕西安娜

Critique of Dialectical Reason, The《辩证理性批判》99

    linked to *Altona* 与 《阿尔托纳的隐居者》

关联 118

death of Sartre 萨特之死 162

deeds, meanings of 行为的意义 94

Descartes, René 笛卡尔，勒内 54

despair 绝望 45

Diable et le Bon Dieu, Le《魔鬼与上帝》104—105

didacticism 说教 20—21

doing vs. being 行动 vs. 存在 57—58

Dostoievski, Feodor 陀思妥耶夫斯基，费奥多尔 144

écrivain engagé 介入的作家 76

education, revolt against 对教育制度的反叛 23

emotions 情绪 38—41

en-soi 自在存在 53, 56, 57

essence 本质 30, 65, 66

essential love 本质的爱 68

Estelle in *In Camera*《禁闭》中的埃斯特勒 61, 63

everydayness 日常状态 59

existential 存在主义的

    laboratory 存在主义实验室 60

    psychoanalysis 存在主义精神分析 71, 79, 151

existentialism 存在主义

    defined 存在主义的定义 1, 16, 23, 144

    exclusion from society 被排除在社会之外 146

    and Marxism 存在主义和马克思主义 103

    "Existentialism is a Humanism"《存在主义是一种人道主义》31

Family Idiot, The《家庭白痴》151, 156, 160

fascism 法西斯主义 82

feminism 女性主义 69

Flaubert, Gustave 福楼拜，古斯塔夫 151—153

  accusation against 对福楼拜的谴责 154

  inability to read 不识字 158

  同时参见 *Family Idiot, The*《家庭白痴》

Flies, The《苍蝇》46

France 法国

  and Algeria 法国和阿尔及利亚 109—111

  and anti-semitism 法国和反犹主义 40

  Being and Nothingness《存在与虚无》50

  and *The Flies* 法国和《苍蝇》47

Franz in *Altona*《阿尔托纳的隐居者》中的弗兰茨 113—117

free will 自由意志 37,58, 66

  Baudelaire 波德莱尔 75,79

  Genet, to be a thief 选择成为小偷的热内 133

  Hugo in *Les Mains Sales*《肮脏的手》中的雨果 94

  and self-image 自由意志和自我认识 64

freedom 自由 27, 30, 122

  Being and Nothingness《存在与虚无》127

  to change 变化的自由 54

  and Communism 自由和共产主义 87

  denying 拒绝自由 32, 34—35, 81—82

  inequality of 自由的不平等 82

  Les Mains Sales《肮脏的手》93

  man condemned to 人被判定自由 94

  of Orestes 俄瑞斯忒斯的自由 47—49

  and socialism 自由和社会主义 82—83, 96

Freudianism 弗洛伊德主义 71

  Oedipus 俄狄浦斯 74

frigidity 性冷淡 36

Garcin, in *In Camera*《禁闭》中的加尔桑 61—63, 66

Genet, Jean 热内，让 128—135,156—157

Gerlach 格拉赫，参见 Franz in *Altona*《阿尔

托纳的隐居者》中的弗兰茨

germ warfare 细菌战，Korea 朝鲜半岛 98

Giscard d'Estaing, Valréy 吉斯卡尔·德斯坦，瓦莱里 164

God 上帝

  man cannot become 人无法成为上帝 59

  non-existence of 上帝不存在 1, 17, 24

  morality 道德 45

  self-awareness of 上帝的自我意识 56

Goetz in *Le Diable et le Bon Dieu*《魔鬼与上帝》中的格茨 105

Goncourt brothers 龚古尔兄弟 154

guilt 内疚 20

Hegel, G.W.F. 黑格尔，G.W.F. 61

Heidegger, Martin 海德格尔，马丁 57—59

hell 地狱 62

Hitler, Adolf 希特勒，阿道夫 40

Hobbes, Thomas, *Leviathan* 霍布斯，托马斯，《利维坦》122

Hoederer in *Les Mains Sales*《肮脏的手》中的贺德雷 88—90

Holy Alliance 神圣同盟 106

Hugo in *Les Mains Sales*《肮脏的手》中的雨果 85, 87—94

Huis Clos，参见 *In Camera*《禁闭》

imagination 想象 26—27, 28—29

imperialism 帝国主义 107—108, 109, 161

imperialist wars 帝国主义战争 101

  同时参见 Algeria 阿尔及利亚

In Camera《禁闭》60—62

inauthenticity 非本真性 58—59

Ines in *Huis Clos*《禁闭》中的伊纳 61

intentions 意图 65

"Intimité"《亲密》32—34

Jews, anti-semitism 犹太人，反犹主义 39—41

Kafka, Franz 卡夫卡，弗兰茨 144

Kean《凯恩》104—105

Kierkegaard, Søren 克尔恺郭尔，索伦 144

Korean war 朝鲜战争 97

La Nausée，参见 *Nausea*《恶心》

La Question，参见 *Question, La*《问题》

labour camps 劳改营 96

Le Mur，参见 *Wall, The*《墙》

Les Mains Sales，参见 *Mains Sales, Les*《肮脏的手》

Les Mots，参见 *Words*《文字生涯》

Libération《解放报》151

Liberty，参见 freedom 自由

literature 文学

　　disillusionment with 文学的幻灭 140

　　sacred 神圣的文学 140—141, 153

living authentically 本真地活着 58

Lucien in *The Wall*《墙》中的吕西安 39, 40, 52

Lucienne in "Intimité"《亲密》中的吕西安娜 32—34, 37

Madame Bovary《包法利夫人》152

Mains Sales, Les《肮脏的手》

　　attack on Communism 对共产主义的攻击 95

　　compared with The Flies 与《苍蝇》相比 85

　　meaning 意义 93—95

　　production 演出 95

　　summary of 剧情概括 88—92

man, natural state of 人的自然状态 145

Mancy, Joseph 芒西，约瑟夫 4—5, 6

　　died 芒西逝世，68

Maoist movement 毛主义运动 149—150, 160

Marxism 马克思主义 102—104

mauvais foi，参见 bad faith 自欺

Memoirs of a Dutiful Daughter《端方淑女回忆录》9

metaphysical despair 形而上学层面的绝望 161

mind in command 施发号令的意识 36—38

　　同时参见情绪 emotions

Modern Times《摩登时代》76

moral values 道德价值 30, 31, 45

music, beyond existence 超越实存的音乐 19

mutual bad faith 相互自欺 63

Nativity play 耶稣诞生剧 43

Nausea《恶心》1, 14—22, 30

　　interview for *Le Monde*《世界报》的采访 137

　　man's natural state 人的自然状态 145

　　metaphysical despair 形而上学层面的绝望 161

　　Second World War 第二次世界大战 42

Nekrassov《涅克拉索夫》104—105

Nietzsche, Friedrich 尼采，弗里德里希 1

Nizan, Paul 尼赞，保罗 12

Nobel Prize refused 拒绝接受诺贝尔奖 138—140

nothingness 虚无 58

Oedipus 俄狄浦斯 74

Orestes 俄瑞斯忒斯 47—49

Our Lady of the Flowers (Genet)《鲜花圣母》（热内）128

Paris Commune (1871) 巴黎公社（1871 年）154—156

Paths to Freedom《自由之路》51

pessimism 悲观主义 44, 59

Petain, Marshal 贝当元帅 40

philosophy, studying 学习哲学 8

poet, doomed to unhappiness 注定痛苦的诗人 80

pour-soi 自为存在 53, 56, 57

poverty, Sartre on 萨特论贫穷 137

practico-inert 实践惰性 119—120

   defined 实践惰性的定义 121

prisoner of war 战俘 10, 42, 43

Psychology of the Imagination, The《想象心理学》26

Question, La《问题》126

Réflexions sur la question juive《反犹与犹太人》39

Regnier, Charles and Eugdnie 雷尼耶，夏尔和雷尼耶，欧仁 130—132

Resistance and Sartre 抵抗运动和萨特 42, 161

"resistentialism"，"抵抗主义" 48

revolutionaries, supporting 支持革命 149, 151

Ridgway, General 李奇微将军 97—98

Romanticism 浪漫主义 80—81

Roquentin 罗冈丹，参见 *Nausea*《恶心》

Russia 苏联

   Cold War "冷战" 87, 95

   and Communism 苏联和共产主义 84

   and Germany 苏联和德国 86

   Hungarian repression 苏联出兵匈牙利 96

Saint Genet, Comedian and Martyr《圣·热内，喜剧演员和殉道者》128—135

Sartre 萨特

   autobiography 自传 75，77

   background 背景 2—11

   bombed apartment 被炸的公寓 110

   concern about colonies 对殖民问题的关注 107

death 逝世 162

despair about future 对未来绝望 107

dominating French literature 主导法国文坛 67

father, death of 父亲逝世 2

grandfather 外祖父 3, 4, 77—79

effect on Sartre's career 外祖父对萨特职业的影响 79

imperialist wars 帝国主义战争 101

military service 服役 10—11

mother 母亲 4, 68

parents 父母 2

on poverty 论贫穷 137

rejection of capitalism 反对资本主义 13, 82

as radical 作为激进派 97

revolutionary 革命 160

stepfather 继父 4—5

as student 学生生涯 6—8

as teacher 教师生涯 13

writer, becomes 成为作家 67, 75

scarcity 匮乏 121

Schweitzer 施韦策

   Albert 施韦策，阿尔贝 3, 107, 108

   Charles 施韦策，夏尔 3, 4, 77—79

   Schweitzers 施韦策家族 66

Second Sex, The《第二性》69

self-awareness 自我意识 50—51, 54—60

   Hugo in *Les Mains Sales*《肮脏的手》中的雨果 93

   self-vision 自我认识 61—64

self-criticism 自我批评 141

Séquestres d'Altona, Les,《阿尔托纳的隐居者》参见 *Altona*

seriality 序列的群体 99

sickness 恶心，参见 *Nausea*《恶心》

sin 罪恶 21—22

slave labour camps 奴隶劳改营，参见 labour

camps 劳改营

socialism 社会主义 24—25, 82—83

  crushed in Czechoslovakia 社会主义在捷克斯洛伐克被镇压 106

  and freedom 社会主义和自由 82

society 社会

  collapse of 社会的崩溃 45

  exclusion from 排除在外 146—147

  revolt against 对社会的反叛 23

Stalag XII（"二战"时德国的）12 号战俘营 43

"Stalin's Ghost"《斯大林的幽灵》102

Stekel, Wilhelm 斯泰克尔, 威廉 36

student rebellion 学生革命 148

subconscious 潜意识, 参见 unconscious mind 无意识

Temps Modernes, Les《现代》76, 96, 97

"theyness" "常人" 59, 64

Three Generations (Liehm)《三代人》（黎姆）106

torture, *Altona*《阿尔托纳的隐居者》中的酷刑 114—115, 122

  French army in Algeria 阿尔及利亚的法国军队 124

  Gestapo 盖世太保 125

"tribunal of crabs" "螃蟹法庭" 116

unconscious mind 无意识 71, 75

USA and the Cold War 美国和"冷战" 101

Valera, Georges de in *Nekrassov*《涅克拉索夫》中的瓦莱拉, 乔治·德 105

Vichy government 维希政府 40, 47

Vietnam War 越南战争 100

Voltaire 伏尔泰 67, 150

Wall, The《墙》32

  metaphysical despair 形而上学层面的绝望 161

war 战争 42—44

What is Literature?《什么是文学？》28, 41, 76

  free society 自由的社会 82

  responsibility of writer 作家的责任 154

  self-criticism 自我批评 141

Words《文字生涯》4, 77, 79—80, 135, 143

  exclusion from society 排除在外 146

  fascination with language 对语言着迷 158

  on Flaubert 论福楼拜 153

  powerlessness of writers 作家的无能 142

  published 出版 136

working class 工人阶级 82—83

  and Communism 工人阶级和共产主义 98—99

Wretched of the Earth, The (Fanon)《地球上的不幸者》（法农）108

writer, Sartre becomes 萨特成为作家 67, 75

  because of failure 萨特成为作家, 是失败的结果 159

writing, revolutionary activity 作为革命活动的写作 160

图画通识丛书

第一辑

伦理学
心理学
逻辑学
美学
资本主义
浪漫主义
启蒙运动
柏拉图
亚里士多德
莎士比亚

第二辑

语言学
经济学
经验主义
意识
时间
笛卡尔
康德
黑格尔
凯恩斯
乔姆斯基

第三辑

科学哲学
文学批评
博弈论
存在主义
卢梭
瓦格纳
尼采
罗素
海德格尔
列维－斯特劳斯

第四辑

人类学
欧陆哲学
现代主义
牛顿
维特根斯坦
本雅明
萨特
福柯
德里达
霍金